來自山谷的回音

少數民族福音使者的佳美腳蹤

哈杜爾‧達麻畢瑪 編著

The Voice of the Minorities

有永遠的福音要傳給住在地上的人，就是各國、各族、各方、各民。
（啓示錄十四章6節下）

本書所引聖經經文取自《新標點和合本》

有永遠的福音要傳給住在地上的人，

就是各國、各族、各方、各民。

（啟示錄十四章6節下）

送給親愛的：

<u>姜榆 姊妹</u>

耶穌進前來，
對他們說：「天上地下所有的權柄都賜給我了。
所以，你們要去，使萬民作我的門徒，
奉父、子、聖靈的名給他們施洗。
凡我所吩咐你們的，都教訓他們遵守，
我就常與你們同在，直到世界的末了。」

（馬太福音二十八章18～20節）

「有了我的命令又遵守的，這人就是愛我的；
愛我的必蒙我父愛他，
我也要愛他，並且要向他顯現。」

（約翰福音十四章21節）

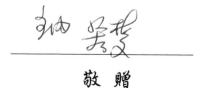

敬 贈

獻言

謹將此書獻給

所有在少數民族中默默耕耘的無名福音使者。

他們如鴿子一般，

將耶穌基督的福音傳揚在萬族與萬民之中。

也獻給

所有願意遵行主耶穌大使命的教會與門徒。

願這本書帶給你屬靈的祝福並點燃你宣教的熱忱，

你對主愛的回應與行動，

將為許多少數民族帶來福音的祝福。

聖徒宣教格言

神只有一個兒子，祂卻使祂成了宣教士。

李文斯敦

在這世上惟一的事業，就是拯救靈魂。

約翰·衛斯理

假使我有千鎊英金，中國可以全數支取；
假使我有千條性命，絕不留下一條不給中國。
不，不是中國，乃是基督。

戴德生

我們的工作若不是帶領全世界的人到耶穌這裡來，
至少要把耶穌帶到全世界的人那裡去。

哥登

聖徒宣教格言

新約聖經寫成一千多年後被翻譯成英文，
我們還要等多久，才把它翻譯給其他部族呢？

湯遜

我毫不在意我曾住過哪些地方，我的居所如何，
我也不在意我曾吃過什麼苦頭，
好教我單單以為基督贏得靈魂為心志。

方濟・沙勿略

我們不當問說，要將我多少的錢獻上給神？
乃是要問，我們想將多少神的錢留給自己？

亞歷山大・杜夫

如果耶穌基督是主，尚且為我死；
那麼我所為祂擺上的任何事物都微不足道。

施達德

目 錄 CONTENTS

沈　序　等待福音的少數民族　／沈保羅　i

邊　序　流淚撒種，歡呼收割　／邊雲波　iii

高　序　投資生命更待何時　／高俐理　vi

蘇　序　雪中送炭的服事　／蘇景星　ix

編者序　揭開少數民族的神祕面紗　／哈杜爾・達麻畢瑪　xi

第一部　**一粒麥子的長成**　／　1

第1章　追隨聖徒腳蹤　／水愛謙　3

第2章　山谷裡的回音　／水愛謙　11

第3章　福音勇士考驗　／哈杜爾　15

第4章　相思在風雨中　／史壯民　23

第5章　相約在天國裡　／苗雲光　33

第二部　**等待揭開的面紗**　／　41

第6章　誰來關心他？　／水愛謙　43

第7章　大山裡的希望　／劉貴苗　51

第8章　這樣的故事從未聽過　／史壯民　59

第9章　福音帶來的祝福與改變　／水愛謙　67

第10章　走出去 —— 少數民族正等著你！　／水愛謙　77

目　錄 CONTENTS

第三部　　點燃宣教的火苗　/　85

第11章　點燃民族宣教之火

　　　　——東北探訪報告　／水愛謙　87

第12章　從使徒行傳看福音傳外族外邦

　　　　——西北宣教展望　／徐回宣　93

第13章　活水的泉源

　　　　——西南水族福音之路　／水愛謙　103

第14章　苗族中的宣教之苗

　　　　——西南苗族福音之路　／水愛謙　109

第15章　梯田中的天梯

　　　　——西南哈尼族福音之路　／哈尼豔　117

第16章　軟弱的瑤寨不再動搖

　　　　——中南瑤族福音之路　／水愛謙　131

第17章　我在天涯海角等候你

　　　　——中南黎族福音之路　／董李心　137

第四部　山谷之外的回應 ／ 143

第**18**章　老師！你什麼時候再來？　／史壯民　145

第**19**章　像天空的鴿子　／苗雲光　153

第**20**章　我在這裡！請差遣我　／哈杜爾　161

附　錄　如鴿散播好信息 ／ 167

【附錄一】少數民族歸主的應許與重要性　169

【附錄二】少數民族歸主協會簡介　172

【附錄三】少數民族人口統計　175

【附錄四】少數民族的區域分佈　182

【附錄五】齊來響應少數民族宣教　184

沈序

等待福音的少數民族

華人教會界資深牧師／神學院教授　沈保羅

　　主的命令是：「你們要去，使萬民作我的門徒」，「這天國的福音要傳遍天下，對萬民作見證，然後末期才來到」（馬太福音二十八章19節，二十四章14節）。

　　一九三八年我神學院剛畢業，到雲南的野人山土著當中宣教，一起同工的白人費教士卻感染傷寒而去世，當我把他埋葬後，正是夕陽西沉的時候。

　　本來，這晚霞的美景是我最喜歡的，但那一天，我卻沒有一點心思去欣賞。我在他的墳旁舉目仰望，似乎在靈裡我已經登上天庭，面對面地對父神說：

　　「父啊！一個白人弟兄，遠渡重洋萬里來到中國，為我們的同胞而死，他太太還那麼年輕，他不該死啊！我是中國人，父啊！雖然我奉獻過，我願意第二次再奉獻給天父！求祢使用我！無論到哪裡，無論是生是死，我都任憑天父的差遣！」

　　直到如今，少數民族仍然是最容易被忽略的群體，中國共有五十五個少數民族，他們正等候我們去向他們傳福音。雖然短期宣教在中國教會已成風氣，但長期或終生宣教的人還是不多。現在正是時候了！我們應該學習本書所描述的少數民族宣教士，走上真正的宣教之路。

　　若要福音傳遍萬民萬邦，迎接主再來，向中國少數民族宣教是極為重要的一環。因此，我們不單要為「少數民族歸主協會」的事奉來禱告，更當以金錢來支持他們，願主祝福中國的少數民族教會！

邊序

流淚撒種
歡呼收割

《獻給無名的傳道者》等書作者　邊雲波

有幸能在《來自山谷的回音》出版前先讀到書稿，深深感恩。

本書不僅展示出一幅向少數民族宣教的異象，還分享了一些宣教士的經歷見證，內容相當的翔實。除介紹了許多少數民族生活的背景，更提出了宣教前必要的裝備。

前幾十年，被主差往邊疆去的人，對少數民族所知極其有限。只是憑著主給的一點吃苦的心志，就隨主而去了。相信本書必會帶給今天的宣教士很大的幫助，也會激勵廣大的弟兄姊妹們更多地關心少數民族的事工。

　　五十多年前，神曾帶領筆者到少數民族中間去傳道。那時山徑崎嶇必須步行，語言不通常賴翻譯。有些地區貧困異常，一日三餐只吃鹽水泡飯。只有待客時，才用清水煮點豌豆秧尖，醮著辣椒水當菜吃。但心靈的喜樂，比任何山珍海味還要甘美！

　　夜晚聚會以後，數百會眾各持火把，返回自己的山村。他們一路的歌聲，穿過森林幽谷，越過丘嶺懸崖，伴著遍地的火炬，飛向滿天的星斗，其情其景，實在令人難忘！

　　一九五二年五月十日，雲南日報突然報導，說我在彝族中傳道影響了「土地改革運動」。只因神的保守，當時才倖免於難，其後乃不得不離開當地，北返到王明道先生處受教。不久隨即被捕，步入勞動改造。

　　一九八〇年春節前，雖處在城市，但仍未獲平反。不意竟聽到遠處有《平安夜》的樂曲聲，乃想起昔日彝族中的除夕盛會，乃成詩一首。今摘錄數行於後，遙祝眾同工多為主用。

　　憶注昔，風風雨雨，已是數十個寒暑交替。
　　卻怎能忘記那些彝族兄弟，熱情地相邀共度除夕？

　　數百里，崎嶇小逕，險石如壁。

奇峰峻嶺步爲梯，幽谷更覺主恩溢。

弟兄姊妹終相聚，語言不通無所慮，

笑臉上說出了心中意。

衣衫襤褸，席地盤膝，弟兄偎依更親暱。

同吃糙米，並有豌豆尖兒綠，散發著馨香之氣！

會眾常以千計，唱詩你繼我續。

更深人散夜不寂，滿山遍野燃火炬，

映照到天邊、地極、雲際⋯⋯

山高雲低，遮不斷肢體的情誼。

天遠林密，聽得見彼此同呼吸。

平安夜裡看晨曦，願唱詩人再增加幾億！

求神興起更多前往少數民族中的同工，開荒佈道，流淚撒種，歡呼收割，遠超過前一代的同工們！

投資生命更待何時

神國資源中心創辦人　高俐理

「他們生在大山裡，也死在大山裡；沒有人敢進去，也沒有人出來……這一道隔閡的牆和漢族祖宗所留下來的債，誰來還清？」「……其餘五十五個民族被稱為少數民族，佔中國總人口的百分之九，約有一億一千五百萬人。」

幾年前在美國賓州文字營認識哈杜爾‧達麻畢瑪牧師夫婦，對他們真實無偽愛主愛人的心，以及那純真的信心印象深刻。幾年來約略知道他們夫婦一直勤奮不懈地服事教會，沒想到二〇〇六年六月間收到他的電話留言，邀請我為他所編寫的書來作序。

對於文字營的同學們，我一向是義不容辭的。沒想到收到書稿後，裡面的每一個見證一次又一次激動我的心，沒有一篇

不是帶著淚讀完的！這本書讓我回憶起富能仁、楊宓貴靈等一個又一個將寶貴的一生奉獻給中國偏遠地區的少數民族宣教士，他們那焚而不燬、發光發熱的生命曾被神用來塑造許多的信徒，也包括今天的我。

這本書，令我驚喜雀躍，因為書中每一位的見證都那麼堅定、剛強，充滿患難中的平安與喜樂。即使身陷極大的痛苦，他們經歷的仍是父神的同在與安慰；即使活在淚水當中，也享受無比、屬天的歡喜，以及更堅定的心志。更重要的一點是，這些人都是我們的同胞。但願我們不再仰賴西方基督徒對我們的犧牲、奉獻，乃是願意起來，承擔對同胞的福音責任。

這令我想起自己的先人。我的曾祖父高長於一八六五年由蘇格蘭來臺灣的宣教士馬雅各醫生帶領信主後不久，便開始他的傳道生涯。據知，他當時主要的對象是平地、山地的原住民，亦即現在所稱的平埔族與山地同胞，曾因為福音的緣故受盡欺凌，也曾被害坐地牢（連橫《臺灣通史》宗教篇有載）。

我的祖父輩、伯叔輩也承繼這樣的使命，多人都曾委身於臺灣原住民事工。這樣的事工往往需要許多的犧牲——生活水準、物質享受與子女教育是其中幾樣。即使如此，我們全

家族仍常常津津樂道，以參與在上帝所愛的少數民族福音事工為榮。

　　這本書幫助我們了解中國少數民族的福音現況與需要，激勵我們擺上自己的一份。以自己這有限的人生來成就父神永恆的旨意絕對是最上算的投資。盼望你不要錯過這絕佳的人生投資機會。

蘇序

雪中送炭的服事

南灣葡萄園教會主任牧師　蘇景星

　　如書中所提到的：「我們之間已建立深厚的友情，但離別總是難受的……臨行的那天早上，他們自發地從自己家裡出來，排著長長的隊伍詠唱著送別的詩歌，與來時所唱的歡迎歌（歡迎遠方的親人，帶著神的愛來到這裡探望我們，有掌聲、有笑聲）形成了鮮明的對比。」

　　「當我們走到村邊的山坡時，弟兄姊妹的歌聲已變成哭聲，當時的場面真是太令人感動了！一位當地的長老突然跪在神的僕人面前，抱住他的腿大哭，泣不成聲地問道：『老師！你什麼時候再來幫助我們？』」

　　此情，此景，是我在少數民族中經常經歷的場景，每次看到大家依依不捨的臉龐與淚光，對他們的負擔就越加深。我知

道上帝的愛從來沒有遺忘過這些住在大山裡的少數民族,《來自山谷的回音》正是宣教士在大山、在逼迫、在逃難、在風雨中事奉真實的寫照。

感謝主!過去我有機會與本書中所提到的宣教士同吃、同住、同流淚、同感恩並一同讚美我們的主耶穌基督。

我相信「少數民族歸主協會」是海內外教會與少數民族之間的橋樑,這些生性單純、好客、能歌擅舞的少數民族都是上帝眼中的珍寶,我本來就對中國大陸的宣教有負擔,藉著少數民族歸主協會的成立,我順理成章地把我們教會的宣教資源用於少數民族的宣教,因為向少數民族宣教正符合我們宣教的原則:不是要錦上添花,乃要雪中送炭。

讓我們體貼上帝的心,向少數民族送點愛的炭火,好讓他們在寒冷的天氣中感覺到溫暖,同時讓上帝將拯救所有少數民族的永恆呼召亦放在你的心中。

編者序

揭開少數民族的
神祕面紗

哈杜爾‧達麻畢瑪

　　少數民族的福音事工，在外界一直是尚待揭開的面紗。我們的使命，乃是扮演橋樑的角色，期望讓華人教會多了解這一群「住在山裡的福音使者」雲彩般的見證。

　　我們的異象是激勵各個願意遵行大使命的教會，在各少數民族中積極參與「教會植堂浪潮」（Church Planting Movement），在少數民族當中建立合神心意的教會。

　　我們是一群無名的傳道者，願全心高舉耶穌基督的名！因此本書所收錄的八位作者經歷與心得，都是真實感人的見證及心底所發出的呼聲，文字皆盡量保持原意與原味。

本書編寫的目的有三：

1. 使神的兒女從少數民族同工的見證與心聲中，更多了解少數民族福音事工的近況、挑戰與前景。

2. 讓願意遵行大使命的教會，藉由了解進而關心與支持這一具時代性與挑戰性的事工。

3. 激勵教會認養不同的少數民族族群，參與末世福音在各民族中的大收割，預備迎接主耶穌的再來。

本書記載了這群「基甸勇士」，離鄉背井深入大山之中，勇敢面對無數的困難與挑戰。他們像探子般為尋覓神所應許的「迦南美地」而爭戰，即使落難，仍真實經歷慈愛全能的父神在獄中與他們同在！書中還記錄了姊妹苦苦等待獄中弟兄的偉大愛情故事。

這是一本血淚交織的感人見證，讓我們看到這些「無名的傳道者」如何在偏遠的少數民族事奉中，行經憂傷徑，走過流淚谷，只願神的名在其中得著榮耀！

這些年來，神在少數民族中間做了非常奇妙的工作，然而我們所面對的挑戰亦無比艱鉅。如何在未來的日子更積極地參與神拯救萬族萬民的聖工，是我們不斷反思與尋求神的課題。

感謝基督使者協會出版部與天恩出版社的同工，在各方面

的熱心支持，使本書得以順利出版。另外我要謝謝那些愛我關心我並經常為我禱告的本地、外地、外族與外國同工們，是神藉著你們在我生命中增添了豐富的色彩，當然我要感謝我最親密的同工團隊即愛妻與四個孩子，他們實在是上帝所賜給我最寶貴的禮物。

　　末了，我們鼓勵你在讀完書末「山谷之外的回應」之後，一起來回應主耶穌基督的大使命，委身並積極禱告尋求參與少數民族事工的機會。

　　深信因著你們的實際關心與參與，有一天，我們將會看見神的兒女在群山眾林間歡呼跳躍，讚美我們的主耶穌基督！

第一部

一粒麥子的長成

【宣教士見證】

　　回顧這幾年的宣教之路，

　　曾經哭過、笑過、沉默過、灰心過，

　　甚至想放棄⋯⋯

追隨聖徒腳蹤

水愛謙

我實實在在地告訴你們，

一粒麥子不落在地裡死了，仍舊是一粒，

若是死了，就結出許多子粒來。

（約翰福音十二章24節）

宣教，是主耶穌給每位基督徒偉大而神聖的使命，也是義不容辭的責任，儘管我正回應這個使命去向少數民族宣教，擺在面前的仍是前所未有的挑戰和困難。

回顧這幾年的宣教之路，就像詩歌裡所唱的：「哭過、笑過、沉默過、灰心過，也曾想放棄過。」是主的大愛和宣教史上雲彩般的見證人，在在激勵著我忠心持守向少數民族宣教的異象與使命。

從初期教會使徒保羅的宣教歷程，到近代戴德生的生命見證，常常使我深受感動。這位著名的英籍宣教士曾說過一句名言：「假使我有千鎊英金，中國可以全數支取；假使我有千條性命，絕不留下一條不給中國。」正如一百多年前來到中國大山裡的宣教士，為少數民族福音獻上自己的生命，無怨無悔。

從前，少數民族曾被中國社會遺忘過一段時間，我們很難想像一百多年前他們的生活是什麼樣子；現在，「貧窮落後」還是少數民族的生活寫照。但滿有豐富憐憫和慈愛的上帝，卻藉著這些膚色、文化、生活背景與我們完全不一樣的西方宣教士，來彰顯出祂的愛。

《在未知的中國》一書裡【註】，記載著一百多年前英國衛理公會（即循道公會）的宣教士，在我國西南地區宣教的點點滴滴，以及他們對當地文化的影響。該書「苗族紀實」一文

中，詳細記載柏格理牧師（Samuel Pollard，1864～1915）在苗族的福音工作，以及苗族教會的誕生、發展和苗族文化的進步史實。最後，他像蠟燭一樣，為了少數民族的福音慢慢地燃盡了自己的生命。

為什麼這些人甘願放下舒適的生活，不怕艱辛勞苦、不計環境惡劣、不顧受苦迫害、不惜生命代價，飄洋過海來到中國內陸向少數民族宣教呢？因為這些宣教士都是：

捨己愛主的宣教士

在「苗族紀實」一文中，描述年輕的柏格理敏銳善辯，學業成績名列全英國第16名，是位出色的文職官員。但他為了福音的緣故，放下舒適的生活和令人羨慕的官職，回應神的呼召，來到貧困艱苦的中國苗族作一名宣教士。就像當年的稅吏馬太，當耶穌呼召他「你來跟從我！」的時候，他立刻起來跟從了耶穌。

主耶穌說：「若有人要跟從我，

少數民族宣教備忘錄

揭開面紗

一、宣教資格

真理裝備 要為少數民族服事，至少要進修四門課程：《基要真理》、《宣教學》、《護教學》與《少數民族文化》。

就當捨己，背起他的十字架來跟從我。」（參考馬太福音十六章24節）當我讀到柏格理牧師的見證時，才真正體會到何為「捨己」。

有時候我捫心自問，我有什麼可以為主捨去，又有什麼可以被主所使用，是才華嗎？是事業嗎？是金錢嗎？……然而什麼都不是，我是在一無所有的情況下來跟從主的。今天能有機會服事，完全是父神的恩典和憐憫。像柏格理這樣「丟棄萬事，看作糞土，為要得著基督」才是真正捨己的人，也是我們效法的榜樣。

他不計一切代價，飄洋過海來到中國的少數民族當中，到底是為了什麼？就是回應上帝神聖的呼召！他的一生顯出一位宣教士應具備的品格，像雄獅一樣勇敢，眼光遠大，智謀深邃，對苗族和雲南、貴州偏遠山區被漠視的族群，始終懷著堅定不移的熱愛。

有異象使命的宣教士

主耶穌即將升天之際，沒有給門徒留下任何禮物作為紀念，惟一留下來的就是大使命：「你們往普天下去，傳福音給萬民聽。」（參考馬可福音十六章15節）所以，對每一個教會和基督徒來說，使命和異象非常重要，但是從過去的宣教史來

看，真正參與、回應大使命和異象的教會實在少之又少。

我們盼望主耶穌再來，卻對大使命所講的宣教無動於衷；很多時候，信徒有一種錯誤的觀念，認為宣教、傳福音是牧師或傳道人該做的事情，跟自己沒有任何關係。假如全世界的基督徒都參與宣教、傳福音的話，我相信主耶穌所說的應許很快就會實現！「這天國的福音要傳遍天下，對萬民作見證，然後末期才來到。」（馬太福音二十四章14節）

讓我舉一個實例來說明吧！假如一個教會有十二位信徒，每一位都積極參與教會的宣教工作，就算每年每位信徒只帶領一個人信主並且訓練他成為門徒，那麼第二年就會有兩個聚會點（教會），第三年將會有四個……照著這樣擴展的話，第十年將會有五百一十二個教會，第十一年則有一千零二十四個教會。

這就是宣教學上常講的倍增原理。柏格理正是一位有異象使命的宣教士，當他聽到神的呼召時，就立即回應，和他的朋友F. J.邰慕廉一起申請去中國。「苗族紀實」一文中這樣記載：「他成為一個文職官員，但他並沒有留戀辦公室生涯。」

他的日記裡也這樣記著：「在倫敦短暫逗留之後，我感覺上帝正呼喚自己去傳福音，而我服事的工場必定是在海外。參加文職服務五年以後，我辭去了職務，由差會任命，成為一名

前往中國的宣教士。」

當一個基督徒的靈命成熟之時，自然知道並會尋求如何爲主而活，回應上帝託付給他的使命和呼召。假如一個教會沒有使命和異象，教會人數不會增長，靈命成長也會停滯，甚至癱瘓，無法成爲合神心意且榮耀神的教會。

委身並至死忠心的宣教士

一個合神心意的宣教士必定是有異象、有使命並且忠心委身於該使命異象的人。閱讀「苗族紀實」，我們可以清楚看到，柏格理牧師是一個真正委身於神的託付，爲了神聖使命可以捨去一切、至死忠心的宣教士。就如使徒保羅所說：「那美好的仗我已經打過了，當跑的路我已經跑盡了，所信的道我已經守住了。從此以後，有公義的冠冕爲我存留。」（參考提摩太後書四章7～8節）

回顧過去幾年少數民族的宣教歷程，一些跨文化宣教士打退堂鼓。在遇到困難和挑戰，面臨禾場打不開、福音沒有果效等重重壓力時，他們往往尋找冠冕堂皇的理由，推卸責任，甚至認爲主耶穌沒有在這個民族作工，企圖掩飾自己的軟弱退後、心灰意冷、不願盡忠，甚至想離開禾場的念頭！

少數民族宣教的困難與挑戰，若相對於一百多年前西南少

數民族地區的苗族來說，柏格理牧師所面臨的困難與挑戰，實在無法想像。

當時他們的主要交通工具是驢馬，而且不時有馬墜落懸崖的事件發生。在「苗族紀實」一文中寫到：

「宣教之路險象環生。最使我難忘的是，有一回，來到一座跨越深溝的簡陋橋頭，我騎著那匹白底黑斑的小馬，心中暗忖：或許牠能安全載我走過橋去，或許牠會滑倒並把我摔下深淵折斷頸骨而死……。

路途的艱辛不止於此，有時幾乎沉船喪命；有時得翻山越嶺兩三天才能到達目的地；有時受到狼群的威脅與匪徒的掠奪……。

暴雨霜雪的突襲更屢見不鮮。有一回，毫無預警之下，烏雲密佈，我們頓時陷入前所未見的狂風暴雨中，在曠野裡沒有任何遮風避雨之處……。我們在泥濘和雨霧中跋涉，任憑雨水流進衣內。」

少數民族宣教備忘錄

揭開面紗

一、宣教資格

負擔與呼召 要向少數民族宣教，是回應神對個人的呼召，而不是單憑熱心，表面順服，更不是為了謀生。

當時他們所居住的房屋叫「五鋯

小屋」（用五英鎊買的小屋），房間既簡陋又潮濕，天冷時毫不耐寒；整間屋子沒有隔間，白天作客廳，晚上是臥室，餐桌就成了床舖。

這樣的居住環境，有可怕的豺狼虎豹爲鄰，又有導致風濕病的危險。小小空間兼具了臥室、餐廳、藥房、書室、化粧室、保險庫、廚房和食品儲藏室等功能。生活中除了語言溝通上的障礙，還常遭人誤會、誹謗，說柏格理牧師是叛亂者、毒害人，甚至遭受攻擊、逼迫、謀殺……。

主耶穌說的：「一粒麥子不落在地裡死了，仍舊是一粒；若是死了，就結出許多子粒來。」（參考約翰福音十二章24節）

這些壓力和挑戰實在是我們無法想像的，但因著柏格理等人對使命、異象的委身與忠心，甘願作一粒麥子深埋在苗族，苗族的福音終究被打開，結實纍纍。流淚撒種的必歡呼收割，他們終爲苗族的福音和歷史留下了光輝而榮耀的篇章，他們的腳蹤也成爲現今的我們所追隨的路徑！

【註】《在未知的中國》柏格理（Samuel Pollard）等著（英國），東人達等翻譯，雲南民族出版社，2001。

2

山谷裡的回音

水愛謙

然而，人未曾信祂，怎能求祂呢？

未曾聽見祂，怎能信祂呢？

沒有傳道的，怎能聽見呢？

若沒有奉差遣，怎能傳道呢？

如經上所記：

「報福音、傳喜信的人，他們的腳蹤何等佳美！」

（羅馬書十章14～15節）

少數民族福音的歷史可以追溯到十九世紀末期至二十世紀初期。當時在傈僳族的富能仁、在苗族與彝族宣教的柏格理及其他宣教士，冒著生命的危險，跋山涉水來到中國少數民族地區宣教，將自己的一生獻給少數民族，甚至犧牲寶貴的生命。儘管當時的環境是那麼惡劣和危險，但他們為了達成使命，將福音傳遍天下，向萬民作見證，他們對主至死忠心。

每當閱讀他們的傳記，看到他們無數次遭到當地人的謀殺、綁架、毒打、掠奪，又多次從死裡逃生時，常被父神無限的愛和大能的作為深深激勵。由於歷史的變革和種種原因，當西方宣教士被迫離開以後，少數民族的福音需要，將近一個世紀之久幾乎被人遺忘。

然而人所忘記的，神卻永遠不會忘記，到二十世紀末期這幾年，中國家庭教會紛紛回應世界宣教的呼召，再次掀起了少數民族宣教的浪潮。

少數民族宣教大會

在過去幾年裡，少數民族的宣教工作雖然有很多的挑戰和艱辛，但感謝主的恩典，少數民族福音的使者仍前仆後繼，很多當地的同胞也蒙神之恩，回應大使命的呼召，一起同奔天路，為主作美好的見證。

　　爲了顧念宣教士身心靈的勞累和需要，決定每年舉辦一次以少數民族宣教爲主題的退修大會，讓宣教士可以安息在主的面前禱告等候，數算父神的恩典和祝福，享受主的同在，支取聖靈的能力，重新剛強壯膽，再奔向少數民族的宣教禾場。

　　這一年一度的宣教大會，有分別來自滿族、蒙古族、赫哲族、鄂倫春族、佤族、拉祜族、哈尼族、摩梭族、毛南族、阿昌族、黎族、傈僳族、土家族、水族等十幾個民族的宣教士，以及各少數民族的同胞。在短暫的幾天聚會裡，大家歡聚一堂、彼此勉勵，充滿了主的愛和喜樂，享受主無比的祝福。

重新得力，繼續奮戰

　　面對跨文化宣教的挑戰，很多時候宣教士各自在禾場上忙忙碌碌，似乎失去了方向和目標。再加上身心靈所受的壓力、重擔和勞累，實在需要全能的神來醫治內心的創傷，釋放我們的重擔。藉著每年退修會的分享，再次提醒神給我們的異象和

少 數 民 族
宣 教 備 忘 錄

揭開面紗

一、宣教資格

受苦的心志　去少數民族地區常常會碰到「四不通」：路不通、水不通、電不通及語言不通。必須放下自我，有受苦的心志、信心和忍耐。

使命，使我們重新得力，繼續朝著標竿直跑。

有時候，禾場上的千變萬化，會讓我們感覺似乎沒有太大的果效而心灰意冷、氣餒退後，而個人佈道訓練使我們再次穿戴全副軍裝，拿起聖靈的寶劍，繼續往前奮戰。有時候，禾場上的冷漠和孤獨，讓我們感覺似乎是自己在孤軍作戰，力不從心，然而，從不同民族的見證分享，我們看到了見證人如雲彩般圍繞著我們，原來還有很多志同道合的同伴與我們同甘苦、共患難——他們都是主耶穌在山谷裡的回音。

彼此激勵，代禱扶持

在這一年一次的聚會中，宣教士被聖靈大大的得著，身心靈都經歷神大能的醫治和釋放，重新支取主的能力，裝備自己，整裝待發。特別是在不同民族的分享中，看到神在不同的地方都作了奇妙的工作，有的歷經千辛萬苦開拓了教會，有的還在披荊斬棘。每當我安然躺下進入夢鄉時，想起許多肢體為福音的緣故，還在翻山越嶺、露宿野地，我的心就大受激勵。

少數民族的宣教，正是為大使命的完成和世界宣教的需要做預備，它所面臨的挑戰極為艱鉅，需要極為龐大。無疑的，需要眾弟兄姊妹不斷的禱告和支持，這是每個基督徒不可推卸的責任。

3

福音勇士考驗

哈杜爾

耶和華的使者向基甸顯現，

對他說：「大能的勇士啊，耶和華與你同在！」

（士師記六章12節）

城市滿人群，鄉野乏人行；
莊稼遍地熟，收割卻無人。

救主心意誰能明，救主旨意誰肯從；

誰願為主得靈魂，誰願為主付代價？

主啊！我願去，願意付代價；

主啊！我願去，為祢得靈魂。

雖是荒山野嶺路難行，雖然孤單獨行無人解；

幸福享受甘願棄，十架道路不回頭。

主啊！我願去，願意付代價，為祢得靈魂。

救主榮光伴我走，救主能力隨我行，

福音勇士我願作，福音勇士就是我。

共同的期盼

這首福音勇士的詩歌，正唱出了少數民族宣教士的心聲。

一年來忙碌的事奉，身心靈經歷了許多的疲憊與艱辛，也許是荒山野嶺路難行，也許是孤單獨行無人解；但每年的「少數民族宣教特會」是宣教士共同的切盼，大家都盼望能夠在特會中與眾弟兄姊妹，一同來數算神的恩典與祝福，彼此激勵和

勸勉。在主耶穌基督裡重新得力，剛強壯膽，繼續朝著標竿直跑。

籌備的點滴

二〇〇六年春，將近八十位來自全國各地的少數民族宣教士，都如期赴會，相逢時的喜悅盡在不言中。

我們都知道，**精心的策劃與籌備是聚會成功的重要關鍵。場地就是第一要素，聚會前幾天，籌備同工們視察了一個山莊，審慎考量環境安全並評估有限的經費**之後，便定下了位於市郊半山腰的一個山莊。

隨後幾天，同工們開始分頭進行特會的籌備工作，然而一些同工卻傳來可能已被監視的消息，至少有一位同工確認自己已被跟蹤，怎麼辦？與會的同工們都已經出發了，大家都是滿懷期盼與喜悅之情來的。

這個大家期待已久、一年一次的特會，是否要如期進行？於是同工們

少數民族
宣教備忘錄

揭開面紗

一、宣教資格

國度的心胸 服事神的人應該擁有寬大博愛的胸懷，我們出去傳福音、建立教會，是為拓展神的國度，而不是擴張自己的勢力。

緊急聚在一起禱告並研究討論，不過，在事發之前，誰也沒有把握做出最後的結論。再三斟酌之後，折衷辦法是聚會照常進行，只是講員應避免在會場同時出現，而且講完之後必須立刻回到城裡休息。

榮耀的見證

第一天下午，大部分的籌備同工都到會場去了，我們一致堅信，聚會的主要目的是讓神的名得榮耀，叫神的百姓得益處。況且「神賜給我們，不是膽怯的心，乃是剛強、仁愛、謹守的心」（參考提摩太後書一章7節）於是大家照著原訂計畫進行聚會。

到了晚餐時間，再次聽到不太好的消息：說有人在會場上監視我們，而且情勢比較緊張。最後我們決定先讓同工們爬爬山，活動一下，看看會有什麼改變。

第二天上午，山莊裡有七個人在釣魚，看似休閒，但很可能是在監視我們的行動。雖然如此，同工們仍然熱烈地述說神在他們服事的民族中所行的奇妙作為。

分享中談到神如何在災難中保守祂的子民，也談到在艱難困苦中神怎樣帶領他們，以及逼迫後的成長與復興。有宣教事奉歷險記，也有少數民族肢體的感恩；有來自新疆的呼喚，也

有緬甸的呼聲；有校園的挑戰，也有民族的祈盼。

哈尼族的一位姊妹在感恩之餘，特別向所有的會眾深深行了一鞠躬，謝謝漢族的宣教士對少數民族的愛，使整個會場的熱烈氣氛達到了最高潮。這些第一線宣教士的見證激勵了大家，也讓許多人流下感恩的淚水。

對宣教士來說，醫治釋放是一門很實際的服事。在禾場上，由於重擔、傷害、疾病等負面經歷，在這樣一個難得的聚會中，大家都渴望得到醫治，好讓自己身心靈健壯地跟隨主。晚上第一位講員勇敢來到會場，與同工們分享關於苦難中的試煉與提升，這篇信息雖然不長，卻為這次聚會揭開了啟示性和實踐性的一頁。

樂捐的厚恩

第三天早上，雖然緊張的氣氛仍然籠罩在山莊裡，卻壓抑不住滿有聖靈恩膏的火熱分享。講員要我們忘記背後、努力面前，繼續仰望那為我們信心創始成終的耶穌基督，好讓我們可以向著少數民族的宣教標竿直跑。

在這次特會中，很寶貴的是大家期盼已久的某師母，終於能與多年來她在禱告單上記念的宣教士一起勉勵，從她的分享中所得的鼓勵和激動是不可言喻的。還有其他幾位第一次到我

們當中的同工，他（她）們的分享有挑旺、有鼓勵，有勸勉、也有安慰（雖然整個下午和晚上一直都有人在監視我們）。

因著經費的需要與信心的操練，**那晚我們第一次在宣教士當中收奉獻，沒想到同工們的響應非常熱烈，少數民族的宣教士都樂意傾囊而出，因此奉獻收入遠超過我們所求所想。**儘管離大會的經費預算還是差了很多，但感謝主！「就是他們在患難中受大試煉的時候，仍有滿足的快樂，在極窮之間還格外顯出他們樂捐的厚恩。」（哥林多後書八章2節）

真實的同在

本來我們計畫在第四天中午轉移會場，因還有兩對新人要舉行婚禮。一大早，新來的講員才剛讀完聖經，一篇充滿信心的講章才要開始……不料，整個山莊就被包圍了！

我們還未反應過來，幾十名公安已經衝進會場。首先是對講員進行幾句審訊式的問話，然後拍照錄影，往窗外看，整個山莊都停滿了警車，三、四十名員警在外面封鎖全場。

當地市政府、市公安局國保大隊、外事辦員警、市宗教局、部分武警和記者超過七十人。感謝主！在審訊的過程中大家同感一靈，就唱了詩篇二十三篇：

「耶和華是我的牧者，我必不致缺乏。

祂使我躺臥在青草地上，領我在可安歇的水邊。

祂使我的靈魂甦醒，為自己的名引導我走義路。

我雖然行過死蔭的幽谷，也不怕遭害，

因為祢與我同在；

祢的杖，祢的竿，都安慰我。

在我敵人面前，祢為我擺設筵席；

祢用油膏了我的頭，使我的福杯滿溢。

我一生一世必有恩惠慈愛隨著我；

我且要住在耶和華的殿中，直到永遠。」

　　神的同在是那麼真實，以致我們在回答問題的時候充滿了喜樂與平安，這算是我們有史以來第一次非常正式與完整地，向我們敬愛的公安朋友傳講耶穌基督救贖的福音。

特別的講員

　　經過了這次集體歷險記，特別感恩的是同工們都更加剛強，雖然後來大家都被迫馬上離

少數民族
宣教備忘錄

揭開面紗

一、宣教資格

良好的品格　作為神的僕人，更須具備良好的品格去維持我們的服事，只有這樣才配作主的見證！

開，但我們心裡充滿了信心。因為，公安警察也成了這次宣教年會的特別講員，為我們這批少數民族宣教士上了一堂非常難得寶貴的功課──福音勇士的考驗。同時也為這次少數民族宣教年會的閉幕典禮，帶來了永遠難忘的回憶。

相思在風雨中

史壯民

求祢將我放在祢心上如印記，帶在祢臂上如戳記。

因爲愛情如死之堅強，嫉恨如陰間之殘忍；

所發的電光是火焰的電光，是耶和華的烈焰。

愛情，眾水不能息滅，大水也不能淹沒。

若有人拿家中所有的財寶要換愛情，就全被藐視。

（雅歌八章6～7節）

婚姻是人生的一件大事，作爲基督徒更應該在婚姻上愼重，好讓神的榮耀在婚姻中彰顯出來。婚姻的原則是一樣，但是各人的經歷卻不同。選擇終身伴侶不是一件容易的事，屬靈長者常說，要尋求神的旨意和帶領，可是也不知道該怎麼確定誰是神所預備的終身伴侶。

序曲

有一次，在少數民族宣教時，**詢問一位來自海外的老師擇偶最基本的標準，當時他告訴我三條：一要兩個人都愛上帝；二要你愛對方；三要對方愛你。**

那時我已到了適婚年齡，遂開始爲擇偶向神禱告。過了一段時間，教會一位長者向我介紹一位姊妹，她是教會另一位屬靈長者的千金。從人的角度來看，應該沒有什麼考慮的餘地，可是每當我想起跟這位姊妹在一起就覺得很痛苦，而且越禱告越覺得難過。

於是我決定拒絕這樁婚事（其實這個姊妹各方面都很優秀，只是我覺得自己不適合她），這決定所帶來的影響滿大的，還落下一個不順服、挑剔的罪名，但還好是短暫的。

愛情的萌芽

二○○○年夏天，我正好有一個機會回家鄉探親。有一天去探望一位屬靈長者，當談及我的婚姻時，拿出了這位姊妹的照片給我看，並將她的通信地址給我。

原來這位姊妹和我已五年沒見，她本來也在服事主，後來因父母強烈反對，就到南方去找了一份工作，我們從此失去了聯繫。拿到通信地址後，我沒有馬上寫信，因為幾年沒聯繫，忽然寫信給她，總覺得不合適，何況不知她是否名花有主（她還在家的時候，我們才十七、八歲，愛情尚未萌芽）。

大約過了一個多月，有個強烈的感動想寫信給這位姊妹，與她分享這些年來我在少數民族中間的事奉（看她對少數民族的福音事工是否也有負擔，這是我在神面前尋求伴侶的一個印證），並將我在苗族的收信地址給她，當時我正準備去苗族服事。

信發出去不到一個月，我就收到了回信，大致內容是：她很高興收到我的信，正巧前一個禮拜她也有感動要為我禱告，

▲▲▲▲▲▲
少 數 民 族
宣 教 備 忘 錄
▼▼▼▼▼▼

揭開面紗

二、民族特寫

兩極印象 少數民族有著自己獨特的文化藝術和民俗風情，猶以熱情好客出名，另一方面卻被認為是比較野蠻和貧窮的群體。

並且希望收到我的信。禱告後她為自己的奢望感到好笑，因為幾年沒有聯繫，我不可能寫信給她，沒想到一個禮拜後，準時收到了我的信。

從此鴻雁傳書，電話和書信成了我們溝通情感的橋樑，大概通信了半年，雖沒有明明談及感情的事，好像在打啞謎，但我們彼此猜透對方的心思，我也開始向她表達我的愛，並計畫於二○○一年的元旦結婚。

風雲驟變

就在我們計畫結婚前半年，有一天清早我從外地坐車回到苗族地區，剛下車就莫名其妙被一群人推擠進一輛桑塔納轎車，也被他們判了一個莫須有的罪名：「夥同境外人士進行危害國家安全的活動」，被處以監視居住的處分。

後來才知道，他們是某局派來的人，因我無法交代他們所問的問題，就被羈押在某某省的一看守所。我在暗無天日的牢裡度過了四十天，受到他們長達十八次的審訊；如果他們所定的罪名成立，至少要被判七年徒刑。

愛情的考驗

當時我最擔心的是父母和女朋友：怕父母受不了這個打

擊，到教會去鬧事（他們還沒有信主）；對於婚事，既怕失去女友（因為經過一年的通信，我確信她就是神為我預備的「夏娃」），又怕因我的緣故讓她久等，心中充滿了矛盾。一開始以為只是趕不上元旦結婚，至少不會被判刑，後來經過多次的審訊，我才意識到事態嚴重。

越是想到父母、女友、事工，越是難受，心裡更煩躁不安。但神的話語不斷安慰我，許多曾經為主受苦的見證人如同雲彩般環繞我。**最後我開始調整心態，就是讓自己死心**，想起「現在的苦楚若比起將來要顯於我們的榮耀就不足介意了」（參考羅馬書八章18節），**便大有喜樂地在監獄裡安靜等候**，被釋放、不被釋放都無所謂，何時被釋放也不在乎了。

於是發了一封信，託獄友（他是囚房老大，我進去後領他信主，一個禮拜後他被放出去了，他樂意幫我與外界聯繫）寄給女朋友，告訴她：「我現在已經坐監，前途未卜，我也不願耽誤妳的時間，妳可以另外再找一個更合適的弟兄。」我心想：如果獲得釋放，就當這封信是對她的考驗；如果判刑，我也不虧負她。

四十天後，我又從監獄被提出來，關在他們租的一間比較好的屋內，他們再次宣佈監視時間最長不超過六個月。我一看事情已有轉機，就又想起婚姻大事，不過計算一下時間，元旦

結婚是不可能了。每天有兩個公安警員陪伴我，真的是安全局（非常安全），我天天在監獄裡禱告、唱詩。

聖誕節到了，神給我一個清楚的感動，很快就可以獲得自由了。果然在十二月三十一日，安全局的幾位領導都來了，他們說：「經過研究，決定暫時讓你回家過年，事情並未了結，春節後再傳喚你回來，因為你在這裡，我們也無法過一個安靜的年。」

我知道這是不了了之。他們給了四百元的路費就打發我回家，臨上車時還說「再也不希望在某某省見到你」。我暗自好笑，不是說明年還要傳喚我嗎？

有情人終成眷屬

出獄後，我立即寫了一封信給女友，告訴她我已經獲釋，於是便商量結婚的事情。結果原定於聖誕節的婚禮延遲到元月三十日，只延後了一個月，比起因坐監而婚禮拖延三年的另一對同工，這就算不了什麼。

算一算，結婚時，我們已經六年沒見面，真是神的大愛，若不是神的眷顧保守，不要說坐監，就是六年未曾見面還能走在一起也是不可能的。

我們結婚一個月後又開始新的服事，心愛的伴侶隨著我到

天涯海角居無定所，這樣的愛是堅定不移的，而在事奉中，我們才開始婚前不可少的環節——戀愛。

苦難中有祢

婚後妻子送給我一件非常寶貴的禮物——一疊我寫給她的信，大約有四十封，至今還保存得非常好；至於她寫給我的信，早已進到安全局。

她也分享了我在監獄時她的感受。在正常的情況下，我們是每週通一次電話，每半個月寫一封信，結果好長時間沒有收到我的信，打電話也沒人接，是出了什麼意外事故？還是變卦了？許多室友都笑她是否被男友拋棄，也有人勸她放棄算了，不要那麼天真。

後來收到我在獄中的信，她就迫切地為我流淚禱告，始終未曾動搖過。雖有教會的長者勸她要再三考慮，假如我被判幾年刑怎麼辦？**她的回答是：「判多久就等多久，**

少 數 民 族
宣 教 備 忘 錄

揭開面紗

二、民族特寫

宗族觀念強 少數民族向來是宗族觀念較強的人，他們是以宗族為單位而聚集的群體，彼此共進同出、互相幫助，也為此而感到自豪。

既然經歷了這麼多的曲折（也有人為她介紹過其他人，但是她拒絕了），神帶領我們相識、相知、相愛，怎麼能在弟兄遭難最需要安慰和鼓勵時放棄他？」

　　儘管在禱告中得到很多神的安慰，但對我何時出監，她還是沒有底，不知是否還要繼續工作（因為她是約聘人員，再續約需要繳押金）。到十二月還是沒有音訊，就又續了工作，後來我重獲自由的時候，她向老闆辭工，結果老闆很爽快地把押金退還（一般不到合約期滿，辭工是不退押金的），真是神的恩典！更讓我感動的是：她得知我的父母為我坐監很傷心，還寫信去安慰他們。

　　回想那段艱難的日子，真是苦難中有神助！是主帶領並安慰了我，加給我足夠的力量勝過監獄的惡劣環境，在罪人整罪人（犯人沒事幹，整天想點子去整新來的犯人）的鐵籠裡，神保守我沒有被他們挨打過；在嚴厲的審訊面前，神保守我沒做「猶大」。這也是我的未婚妻不斷地用流淚禱告陪伴我走過痛苦的日子，我想她所付的代價比我更大。

患難是美福

　　坐監對非基督徒來說是一種恥辱、災難，但是對基督徒來說，為主的緣故坐監卻是榮耀、祝福。雖然在這次的苦難中，

惟一感到遺憾的是：我的外祖父和祖父在短短幾個月裡相繼去世，沒能見到最後一面，也無法參加我的婚宴。然而仔細數算那段失去自由的日子，所蒙的祝福是何等的多、何等的大！

首先，在進監之前，我覺得事奉很累，很需要休息，想不到沒多久竟可在這樣「安全」的環境裡得安息。其次，在患難中真實地經歷神的同在和保守——沒有被犯人侵犯，嚴峻的考驗還使我們的愛情更堅定、更深厚。再來是我的父母原本還沒有信主，卻在我坐監時相繼信了主，母親也為我能夠被釋放迫切禱告。

但更重要的是，經過了這次經歷，我學習了許多功課，以後將更珍惜同工之間的友誼，謙卑服事人，珍惜自由的時間等。愛的力量永遠會勝過苦難的環境，我相信，主的愛是我事奉的最大力量與婚姻的最大祝福。

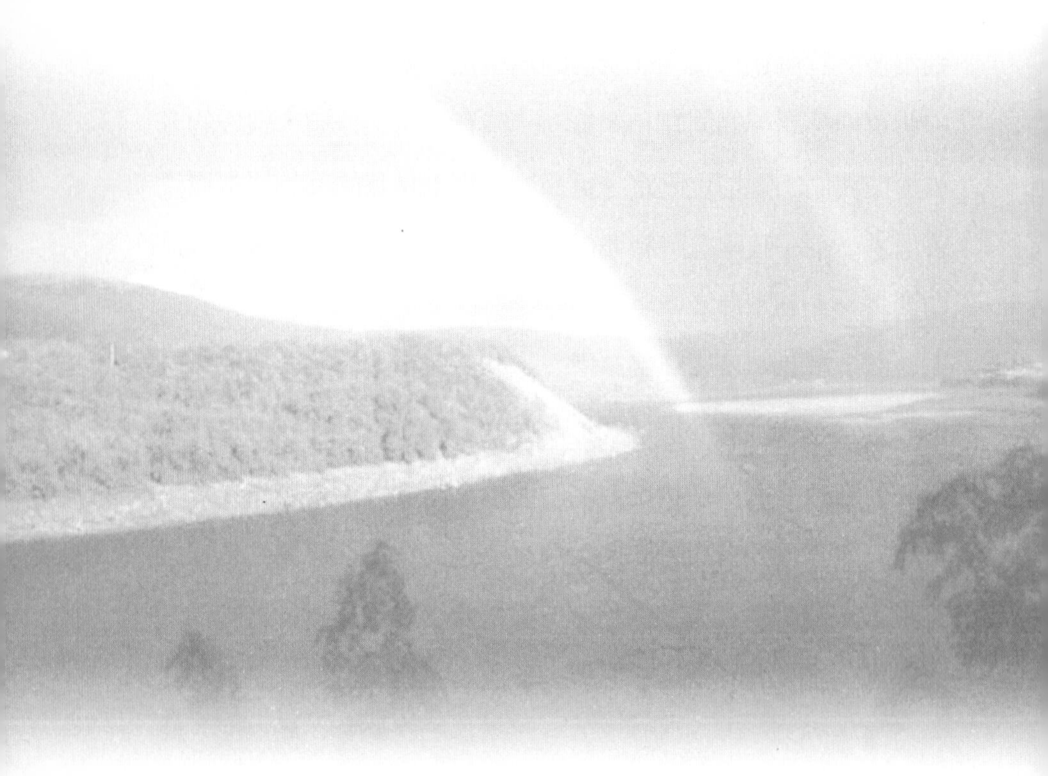

相約在天國裡

苗雲光

主雖然以艱難給你當餅,以困苦給你當水,

你的教師卻不再隱藏;你必親眼看見你的教師。

你或向左或向右,你必聽見後邊有聲音說:

「這是正路,要行在其間。」

(以賽亞書三十章20～21節)

感謝那加給我力量的神，因祂不斷垂聽我的呼求，在任何環境中都與我同在，以致在凡事上都看見祂豐富的恩典。當我在苦難中對神有種種疑問，甚至沒有力量前行，主告訴我：「這是正路，要行在其間」，直到我完全明白。神啊！這是我生命的需要。

一年神學的特別訓練已經過去了兩個多月，每次回頭思想，就滿心感恩歡喜，因爲神一次次的引導與保守，使我的信心更加堅定；一個個美好的見證，使我對神更加認識。

每當來到主前，我都心存感恩地說：「主啊！謝謝祢讓我在凡事上經歷祢的同在，謝謝祢爲我的生命成長預備這麼美好的訓練營。」誠如詩人對神的頌讚：「祢使人坐車軋我們的頭；我們經過水火，祢卻使我們到豐富之地。」（參考詩篇六十六篇12節）

二○○四年春，我和佤族的同工們因工作而暫時離開，分別到不同的禾場。我獨自一人前往另一個城市，途經公安檢查站，沒想到他們竟以我身上帶有光碟爲由把我扣下，移交給當地的公安局。後來又以我在佤族作間諜的罪名，把我送進某縣看守所。五月底再把我帶到了他縣，同年十一月又將我從看守所送到另一市第二勞教所，一直到隔年四月底才獲釋。

軟弱時祂給我力量

被捕後，面對內在和外在的雙重壓力：一方面家中妻子帶著一個小孩，又懷了四個多月的身孕，而且剛搬到一個陌生的地方；另方面佤族的同工正在培訓中，他們是否出事了？佤族的同工是否會出賣我？……

我感覺撒但乘機把一連串的疑慮，放進了我的思想。起初我很軟弱，但主釋放並安慰了我，當我面對他們嚴厲的拷問、逼供時，心中卻充滿了力量、平安、喜樂，以上頭所賜的口才來應付他們。

有一次，他們帶我去一個隱蔽的地方，用各樣的方法審問我；得不到滿意的答案時，便拿來三根電棒，威嚇我說：「誰派你來的？你的領導是誰？誰給你錢辦培訓中心？再不說，可別怪我沒有給你機會了！」

我說：「該說的，我已經說了。培訓中心的事與我無關，也沒有人指派我來；我是來做生意的，再多說也無用。」

少數民族
宣教備忘錄

揭開面紗

二、民族特寫

族群繁多 根據一般統計，少數民族共有五十五大族群，但根據宣教學專家的研究，國內的少數民族可能超過五百個族群，超過一億人口。

他們氣得拿起電棒朝著我打來，但奇妙的事發生了，第一根沒電，第二根開關壞了沒電，第三根接觸不良沒電，最後他們氣得把電棒給扔了，說：「怎麼搞的，真是邪門！」然後，他們又讓我坐電椅子過電，結果真奇妙！兩秒鐘後突然整個公安局都停電，最後他們非常無奈地被迫停止酷刑。

哈利路亞！感謝我的神，回房後神給我一句話：「當將你的事交託耶和華，並倚靠祂，祂就必成全。」（詩篇三十七篇5節）從此，我學會了在獄中感謝讚美神，把家裡、教會的一切事交在祂手中。

落難時祂與我同在

後來他們說：「我就不相信對付不了他，把他關進牢房，讓犯人對付他。」因為監牢內犯人經常毆打其他的犯人。可是感謝主，到了牢房裡，最惡的犯人也對我尊敬得很，十幾天後，牢房裡罵人、打人的氣氛全變了。

犯人自己也奇怪地說：「自從你進來後，我們心裡不想罵人，以前見人想打，現在不想做了。」他們善待我，把我當作好弟兄，我也沒想到，短短十幾天他們改變得這麼快，我想是因主耶穌的緣故。

記得一次提審我，他們說：「雲光，牢房裡面的滋味如

何？好過吧，想通了嗎？趕快交代吧！要不然讓你坐三年、七年的牢！」

我說：「裡面如天堂，坐多少年，你們說的不算。至於交代嗎？該交代的已全說，再沒可說的了，想怎麼樣就快點動手吧！」

感謝主！我在裡面真的看到了很多犯人的改變，同時我也和他們溝通、談心，神竟藉著我改變了這些犯人的生命。

試煉中祂為我開路

有一個二十二歲的年輕人，因殺人罪被判死刑，上訴期間有機會和我在一起住了三個多月。剛開始，他抱怨自己的命運，自暴自棄，苦毒又拚命打人，連獄警也拿他沒辦法。

雖然腳上帶著鐵鏈子，但年輕死刑犯每天都在牢房裡鬧事，並且掌控著其他九個牢房，只要有誰敢不聽他的指揮，就會立刻遭到他的攻擊。我剛進去時，也同樣受到他的攻擊，並吩咐人打我，不讓我睡覺。

看到人被毆打是他最大的「快樂」，後來他說我的態度讓他無法理解，為什麼他每次毆打我之後，我對他的態度跟其他的人不一樣，還會找他談心，關心他、鼓勵他？

經過多次接觸與一段時間的禱告，奇蹟發生了！七月某一

37

天，監獄裡進來了一個新人，年輕人還是如往常一樣苦待他（見面禮），不准他吃東西，並叫了牢房內的十四個犯人都要輪流每人打他胸口五下，凡不用力者就會反遭同樣的待遇。

這個新來的犯人因年齡較大，遭第四個人毆打已經快撐不住了，第五個輪到我，我不忍心打他，便走到年輕死刑犯面前說：「你不能再打他了，我也不會照你說的去做！」

他說：「雲光，我跟你已經相處一段時間了，我不想因此跟你傷和氣！你不要破壞我的規定！」

我堅持：「不管如何，不能再打了。」

他說：「這件事情難道你非管不可嗎？」其他人也都勸我不要管，但我點點頭，表示非管不可。

最後他說：「你要跟我談條件嗎？好！除非我打你十拳，你不吭一聲，我就答應你。」我說：「好吧，那其他人還打他嗎？如果別人還繼續打他，這個條件談不成。」

年輕死刑犯回答：「只要你撐得住我十拳，我答應你不再打他。」於是我閉上了眼睛，心裡說：「主啊！懇求祢加給我力量。」靠著主的恩典！我只感覺好像有人在我的胸口上輕輕的敲了十下。

一個死刑犯的悔改

有一天晚上，在半夢半醒中，有一個人走到我身邊叫醒我：「雲光，出來一下！」一看，原來是那個年輕死刑犯，我急忙穿上衣服和他出去。我問：「有什麼事嗎？」他說：「我已決定了，我想告訴你，我也要信耶穌！請你為我禱告。」

在滿心感恩與流淚的禱告之後，我倆一直談到三更半夜。到了第二天，我有迫切的感動想為他施洗，便把這個想法告訴他，他非常樂意的接受，晚上我就在牢房裡偷偷為他施洗。

三天後，這位年輕的殺人犯終於被拉到刑場上處死了。後來我無意中發現，在他的日記裡這樣記著：

「我真的很後悔過去所做的一切，

我在神的面前悔改認罪，盼望能夠得到主的赦免。

我對不起我的家人，也對不起國家社會，

更對不起我曾經傷害過的那些人。

也許我的日子不久矣，

但這二十二年來，讓我最快樂的，

就是這幾天和雲光在一起的時光。

我真的很高興遇見雲光，

是他使我認識了主耶穌基督。

謝謝你，雲光，我們天國見！」

　　（後記：更超乎所求所想的是，後來那位新來的犯人也因此信了耶穌。哈利路亞！讚美主！）

第二部

等待揭開的面紗

【困境與展望】

　他們生在大山裡，也死在大山裡；

沒有人敢進去，也沒有人出來。

這一道隔閡的牆和漢族祖宗所留下來的債，

誰來還清？

6

誰來關心他？

水愛謙

耶穌走遍各城各鄉，在會堂裡教訓人，

宣講天國的福音，又醫治各樣的病症。

祂看見許多的人，就憐憫他們；

因爲他們困苦流離，如同羊沒有牧人一般。

（馬太福音九章35～36節）

據資料統計，目前少數民族的福音狀況如下：基督徒人數達三十萬的有兩個民族，十至十五萬的有兩個民族，一至八萬的有八個民族，一千至一萬的有九個民族，五十至一千的有四個民族。其餘的民族資料不詳，或因安全的原因，一般宣教機構內部資料不便對外公開。

據了解，少數民族的基督徒，最多只能夠維持信仰，卻沒有生養的能力，甚至屬靈景況非常貧乏。是什麼原因導致他們的靈命枯萎呢？下面我們一起來了解少數民族的屬靈爭戰及堅固營壘：

一、拜祖宗

敬拜祖宗被稱為是中國的傳統美德，無論你走到哪個民族，都會發現拜祖宗的普遍現象（包括漢族），不管是平民百姓，還是達官賢士，都會以跪拜及獻祭的形式，對自己的祖宗表示崇拜和懷念。

從人的觀念看，拜祖宗的確是合乎情理的，但許多中國人卻把對祖先的追思與崇敬，變成了對鬼魂的供奉祭祀。哥林多前書十章20節：「我乃是說，外邦人所獻的祭是祭鬼，不是祭神。我不願意你們與鬼相交。」顯然，這是撒但抓住中國的傳統美德，進行對人心的轄制，進而使人成為牠的俘虜。

二、拜偶像（巫師、巫婆、菩薩的雕像等）

少數民族一般都是崇拜多神與泛神論，然而拜偶像的動機卻是出於懼怕和無知。猶如耶利米書四十四章5節所描述的：「他們卻不聽從，不側耳而聽，不轉離惡事，仍向別神燒香。」

巫師、巫婆在少數民族的地位倍受尊敬，菩薩的雕像一般人都不敢挪動，因為在它背後確實有邪靈的力量，所以少數民族特別害怕偶像而去拜它。「此等不信之人被這世界的神弄瞎了心眼，不叫基督榮耀福音的光照著他們。基督本是神的像。」（哥林多後書四章4節）看來撒但對少數民族的捆綁和轄制是根深柢固的！

三、吸菸酗酒

大多數少數民族喜歡喝酒吸菸，一般吸的煙都沒有經過任何的衛生檢查或過濾，特別是在節日或婚喪喜慶中大擺宴席時，常常是酗酒成性，不醉不歸。有句話說：

少數民族
宣教備忘錄

揭開面紗

三、屬靈捆綁

拜祖宗 少數民族拜祖宗的現象和漢族一樣普遍，不管是平民百姓還是達官賢士，都會以跪拜及獻祭的形式來表達崇拜和懷念。

「酒性成癮」，他們活得非常空虛和無奈，自我殘害生命，因著當地的傳統習俗，好多人無法逃避或戒除這種殘害身心的惡習。

四、種族的轄制

少數民族向來宗族觀念較強，他們是以宗族為單位而聚集的群體，彼此共進同出、互相幫助，也為此感到自豪。撒但乘機藉此觀念對少數民族進行心靈的轄制，若有人信主，往往會觸犯當地的民情風俗（如不拜祖宗等）。這意味著這些人被視為離群忘本，將遭受本族人的歧視和排擠，甚至逐離家門，很多人因而不敢接受福音。

越窮苦落後的地方，越是被魔鬼撒但所轄制。少數民族很容易成為撒但的俘虜，變得越來越無知愚昧，實在可憐，急需要神的拯救！

耶穌對門徒說：「要收的莊稼多，做工的人少。所以，你們當求莊稼的主打發工人出去收他的莊稼。」（參考馬太福音九章37～38節）你我同為蒙神呼召的卑微器皿，讓我們一起為少數民族禱告，求神打發祂的工人去收割少數民族的莊稼。

這幾年，少數民族的事工在內地的教會已漸漸受到重視，目前已有一些弟兄姊妹在少數民族的區域服事。工作上雖有一

定的成效，但也有很多的失敗與不足，還有很大的空間需要發展與改進。

為了使下一步的工作少走一些彎路，讓福音更快、更有效地在少數民族地區得到拓展，請容許我在這裡和大家分享幾點個人有限的事奉經歷與淺見：

向少數民族宣教應具備的必要條件

少數民族的宣教事工與其他事工大不相同。由於少數民族獨特的歷史、文化、語言、宗教和風俗，向少數民族宣教的難度與挑戰相對的也比較大。所以，蒙召的少數民族宣教士應具備一些基本的條件：

1、有真理的裝備

作為一名宣教士，對真理的基本認識與裝備是絕對必要的；要為少數民族服事，至少要進修四門課程：《基要真理》、《宣教學》、《護教學》與《少數民族文化》。

2、有負擔與呼召

要向少數民族宣教，是回應神對個人的呼召，而不是單憑熱心，也不是出於對教會領袖表面順服而勉強接受安排，更不

是為了工作或謀生而服事。

3、有受苦的心志

深入少數民族地區宣教必須有受苦的心志、信心和忍耐。**去少數民族地區常常會碰到「四不通」：路不通、水不通、電不通及語言不通。**在這樣的環境下服事，必須放下自我，像保羅一樣，「向什麼樣的人，我就作什麼樣的人。無論如何，總要救些人。」（參考哥林多前書九章22節）若沒有準備好，單憑著個人有限的熱心服事是不夠的，不但服事沒有果效，反而造成了事奉的攔阻與神國度的虧損。

4、有國度的心胸

服事神的人應該擁有寬大博愛的胸懷，我們出去傳福音、建立教會，是為拓展神的國度，而不是擴張自己的勢力，建立自己的地盤。不要將福音禾場當作商場一樣進行自我壟斷，要體會神的心意和做事的原則：

「撒種和收割的都要一同歡呼快樂。」

5、有良好的品格

有句話說：「要獲得一次的成功或許可以憑你個人的能力

和才幹，但要保持長久的成功，必須靠你良好的品格去維持。」作為神的僕人，更須具備良好的品格去維持我們的服事，只有這樣才配作主的見證，成為蒙神喜悅的服事。

結語

保羅說：「無論是希臘人、化外人、聰明人、愚拙人，我都欠他們的債。」（羅馬書一章14節）這是他對福音的積極態度。過去國內家庭教會向少數民族宣教的口號，已經喊了一段時間，但實際行動的教會或宣教士卻是寥寥無幾。

其實就目前來看，這幾年的辛苦只能說是一個開始，要大力推動和進行少數民族宣教的事工，還需要一段很長時間的努力，因此我們需要投入更多的人力、物力、財力來參與少數民族的宣教事工。

面對這麼大的需要，你願意關心他們嗎？

少數民族
宣教備忘錄

揭開面紗

三、屬靈捆綁

泛神論與巫術　出於懼怕和無知，少數民族一般都是崇拜多神與泛神論，巫師、巫婆在少數民族的地位倍受尊敬。

49

大山裡的希望

劉貴苗

耶和華說：

日子將到，耕種的必接續收割的；

踹葡萄的必接續撒種的；

大山要滴下甜酒；小山都必流奶。

（阿摩司書九章13節）

我清楚地知道，還在母腹中的時候，神已經揀選了我；出母腹之後，神的愛得著了我。「祂對我說：『我的恩典夠你用的，因為我的能力是在人的軟弱上顯得完全。』所以，我更喜歡誇自己的軟弱，好叫基督的能力覆庇我。」（哥林多後書十二章9節）

每當我看到這節經文，就想起這十幾年來，神賜給我許多豐富的恩典。下面就從我歸主、受訓、奉獻、宣教與民族心等幾方面，來分享神的慈愛和恩典。

成長的叛逆

我是在六歲的時候接受主的，記得在信主之前，我是村子裡最壞的孩子之一，經常罵人、偷東西、說謊話……，特別是罵人。

媽媽告訴我，**我那時很會罵人，什麼人都罵，就連我的爺爺，祖宗十八代都能罵過來。尤其是村子裡的三個醫生，因為他們經常為我打針；**小時候的我體弱多病，經常光顧診所，所以一進入診所，我就開始罵這些醫生。每當針頭扎進時，我那歇斯底里的叫罵聲能夠驚動整條街。

我當時也很會說謊，說得很有技巧，足以讓我的父母和親朋好友信以為真。每當做了壞事，我就會編一些自認為天衣無

縫的故事來隱瞞事實，欺騙父母。

　　還有偷錢，這是我父母最頭疼的事，因為家裡很窮，一分錢對我們家來說都是非常重要的。父母拿我真是沒有辦法，常用堅韌的竹條打我的手，每一次都打到手腫為止，目的是要讓我記住。但是他們打得越狠，我就偷得越多；這些惡習直到我接受主之後，才逐漸消失匿跡。

歸主的改變

　　我的改變不是靠自己的力量，完全是神的恩典和大能。如果沒有神，我根本不可能改變，更不可能現在出來事奉。

　　還記得媽媽當時患胃病，一直沒有治好。有一天從城裡的大阿姨家回來，媽媽向我們宣佈她的胃病好了，說上帝醫治好她多年的胃病。此後，幾乎每一個星期，媽媽都走到離家十幾里的阿姨家聚會。

　　我當時也不知道上帝是何方神聖，**不但醫好了媽媽的疾病，還使媽媽整天有唱有跳，充滿喜樂。病得醫**

少數民族
宣教備忘錄

揭開面紗

三、屬靈捆綁

惡習難改　大多數少數民族的人喜歡喝酒吸菸，活得非常空虛和無奈，無法逃避或戒除這種殘害身心的惡習。

治後，媽媽想盡辦法傳福音給我們，她幾乎每天晚上都講耶穌的故事給我聽，還經常帶我去參加教會的主日崇拜。

慢慢地，我也跟媽媽一起信了耶穌，成為家中第二位信主的人。信了耶穌以後，我從前的惡習慢慢地消失，不再罵人、偷竊、說謊；親戚朋友都說我長大懂事了。那時我不大明白，後來才知道，這的確是神在我身上所行的神蹟。

從此以後，我隨著媽媽每星期走兩小時的路到阿姨家聚會。一年後，經過禱告，我的父母開放家庭，成為村裡的第一所家庭教會。不久，教會成立主日學，我每個星期天和一群小夥伴讚美敬拜神，單純地作主的小羊，被主的慈愛牧養；十歲的時候接受了洗禮，作主的小精兵，決定將來要事奉主。

青少年時期，由於老師和同學們的嘲笑排斥、自己的貪玩和忙於學業，很少讀經、禱告和聚會（雖然我的家是接待家庭），漸漸地遠離了神；像一個浪子，在這個世界流浪徘徊，不知何去何從。然而神的愛一直沒有離開我，祂沒有忘記我當年在祂面前許下的承諾，我的每一步都在祂的恩典當中。

奉獻與培訓

一九九九年，神喚醒了我沉睡已久的靈。當時，家裡經濟條件有限，我想出外打工，便自動退學。於是媽媽鼓勵我去事

奉上帝，並為此事在神面前日夜禱告。開始我拒絕了，因為我知道事奉上帝作傳道人是非常辛苦的，不但要過貧窮的生活，搞不好還要蹲監獄，生活沒有保障，時刻面臨危險，但是媽媽一直沒有放棄為我禱告。

那時候，我心裡也非常煩躁不安，賺取世界和事奉神兩種意念在我裡面鬥爭，我非常矛盾，不知如何是好。於是跪在神面前禱告尋求，禱告之後，心裡無限的平靜，那種感覺是無法用言語來表達的。就這樣，我進入了差會所辦的神學培訓中心接受裝備。在老師和弟兄姊妹的幫助及媽媽不斷的禱告下，我逐漸地認識了神，也知道將來事奉的方向。

國內的培訓是一個操練信心的地方。由於家庭教會與培訓中心經常遭到逼迫，所以我們的**學校經常從一個地方遷移到另一個地方，可以想像，學習環境是多麼的惡劣！但是，感謝主，艱難與逼迫不但沒有使我退縮，反而使我更加體會主的信實**，信心更加堅定。

往往在事奉中才能經歷神的愛，難怪有那麼多弟兄姊妹前仆後繼、拋開所有、不怕困難去事奉祂。因此，我在神面前立定心志，決定一生事奉祂。我也懇求弟兄姊妹一起為中國的家庭教會和神學培訓工作來禱告，求神賜給中國教會一個沒有柵欄的天空。

民族心與宣教情

二〇〇〇年初，我們差會派我到聖經學校去，學習如何向少數民族傳福音。從了解和調查的過程中，我知道他們貧窮落後是因爲長期生活在撒但的權勢之下，不認識眞神。我對少數民族有了強烈的負擔，急切地想到他們中間去，分享神的慈愛，把他們從撒但的權勢下帶領出來。在學習期間，我晝夜爲少數民族得救禱告，求神祝福並釋放他們。

半年之後，我和另外幾個弟兄姊妹被差遣到苗族。苗族人很窮，他們拜很多假神，大部分的苗族也拜自己的祖先。在我們住的那個地方，幾乎每一家都有祖宗牌位。除此之外，他們還拜石頭、大樹等等。爲此，他們每年要花很多的錢去買肉、買香、買紙錢，爲的是敬拜假神。

看到這些情形，我的心很痛，每天爲他們禱告，盡我最大的力量去幫助他們認識眞神。開始的時候，我和同伴都遇到一個既實際又困難的問題：我們聽不懂苗語，也不會說苗語。

語言的障礙造成很大的困難，我們幾乎失去了信心。我們曾試著學苗語，但是非常困難，因爲苗族有不同的分支，每一個分支又有自己的方語。但是**上帝是奇妙的，祂在曠野中爲我們開道路，使我們找到一位懂普通話的苗族青年，藉由他把福音傳給他們，再培訓他們，讓他們作我們的翻譯**，帶我們到當

地的鄉村去傳福音。

　　神也非常看顧和保守我們，一年多裡，我們帶領了五十多人信主。由於很難有固定的地方聚會，我們經常去探望這些弟兄姊妹，以穩固他們的根基；若能找到固定的地方聚會，我們就可以建立教會。然而，哪裡有神的工作，那裡就有魔鬼的攔阻，正當神的工作在苗族稍有起色，開始興旺的時候，逼迫也臨到了！

　　年底的時候，我的同工們不幸都被抓了起來（神特別保守我，當時在他市受短期的培訓）。他們大多被關入監獄一個多月，其中有一個弟兄被關在監獄裡半年之久。由於神的保守，弟兄姊妹最後都平安地被遣送回家。

　　就這樣，我們帶著無奈的心情離開了那片福音禾場。我真的很愛那個地方，懇求弟兄姊妹為這地方的福音事工來禱告，求主預備新的一批福音使者到那裡繼續牧養及傳福音的事奉。

少數民族
宣教備忘錄

揭開面紗

三、屬靈捆綁

歧視和排擠　若有人信主，往往會觸犯當地的民情風俗，遭受本族的人歧視和排擠，甚至逐離家門，很多人因而不敢接受福音。

大山裡的希望

也請大家為我禱告，目前我正在一所學校接受裝備，預備為主去打那美好的仗。回想獻身這幾年以來，神的慈愛和信實沒有遠離過我一刻。**祂是我患難中的依靠，痛苦中的安慰，無助時的幫助，疾病時的「拉法」，需要時的「以勒」，憂慮時的「沙龍」，征戰時的「尼西」，祂是我的神。**願我的一生被主使用，跟隨祂到底。

雖然目前還身在外地，但我的心還是在西南大山與那些少數民族在一起。為我骨肉之親，除了每天恆切地為他們禱告，巴不得插翅飛向西南的大山，傳福音給那些窮苦的苗族人聽。

親愛的弟兄姊妹，少數民族的莊稼已經成熟了，是該收割的時候了，莊稼的主正萬分焦急地尋找願意在少數民族中收割的工人。你願意迎向這個呼召嗎？

聽哪！那被遺忘的大山在呼喚；

看哪！那一雙雙渴望的眼睛正在等待著救主的福音。

弟兄姊妹，讓我們順從聖靈的感動，回應莊稼的主，

攜手去拯救那被遺忘在大山後一億多人的靈魂。

因耶穌基督的救恩，

是大山裡的少數民族惟一的希望。

這樣的故事
從未聽過

史壯民

主的靈在我身上，因為祂用膏膏我，

叫我傳福音給貧窮的人；

差遣我報告：被擄的得釋放，瞎眼的得看見，

叫那受壓制的得自由，報告神悅納人的禧年。

（路加福音四章18～19節）

少數民族有著自己獨特的文化藝術和民俗風情，尤其以熱情好客出名，另一方面卻被認為是比較野蠻和貧窮的群體。由於近幾年在少數民族地區服事，對他們有更深入的了解，使我們不再存著偏見去看少數民族，乃是從屬靈的眼光去體察他們的需要，並在此將他們「真實的需要」與弟兄姊妹分享。

大山深處

大部分少數民族地區都是交通比較閉塞、經濟相對落後，於是國家號召西部大開發，欲以開發經濟來改變中西部地區的貧窮面貌。

但是他們最最需要的是飛黃騰達的經濟嗎？

最近我們前往廣西壯族自治區大山深處的一個村莊，參與一個扶貧性的專案。剛好有一位受幫助的學生中了高考宴請賓客，與他們談到生活狀況及風俗習慣，才了解他們真實的需要。本來我們計畫是要低調一點的，但是看到這麼多人在這裡，實在無法消滅聖靈的感動，便以講故事的形式把耶穌基督的救恩傳給他們；他們聽得很認真，也很感動。

當談到神的大愛時，他們似乎有點激動，我便提議要唱一首歌《愛的奉獻》獻給神。

愛是Love，愛是Amor，愛是Rarc

愛是愛心，愛是Love

愛是人類最美麗的語言

愛是正大無私的奉獻

我們都在愛心中孕育生長

再把愛的風帆散播到我們四方

我們要在愛心中大聲的歌唱

再把愛的幸福帶進每個人的身上

愛會帶給你無限溫暖

也會帶給你快樂和健康

未曾聽過

他們雖然開始是在聽故事，但很渴慕，晚上到兩點鐘還是不願睡覺，當晚有十多位壯族同胞做了決志禱告。將榮耀歸給主！

第二天一早，大

少 數 民 族
宣 教 備 忘 錄

揭開面紗

三、屬靈捆綁

貧窮落後 雖然沿海地區的百姓生活已經很繁榮，但是聚居在深山野林中的少數民族地區，仍過著原始而艱難的生活。

家又來要求講故事，連連說：「這樣的故事我們從未聽過」，這一句話成了我很深的負擔（而在中原地區，耶穌的故事已是家喻戶曉，童叟皆知，連非信徒也能講講）。

他們在呼籲什麼？他們在請求什麼？只是想聽聽故事消遣嗎？不，少數民族需要的不是聽聽故事而已，而是需要耶穌基督的救恩！

接下來，我們探訪了更多村莊，看到這些生活在大山裡的同胞每天承受著生活的重壓，面朝黃土、背朝天地辛勤勞作，一年下來收入相當微薄。很多人認為他們最需要的是錢，連政府和他們自己也是這樣想。其實農村很多農副產品都是自產自銷，也不需要太多支出，究竟是什麼原因導致他們貧窮呢？

實地走訪考察後，才發現他們貧窮的原因是：

千年捆綁

1. 拜偶像：

我曾見過漢族大部分地區拜偶像的情況，其實那只是輕描淡寫，假冒敬虔。但是少數民族卻不一樣，他們這裡一般的家庭一年的純收入約二千元人民幣左右；家中若是有人去世，就得花上萬元左右安葬。更可悲的是，他們把一切的希望寄託在

已死的祖先身上，**只要家中有一些不平安，就會把祖先從墳墓裡挖出來再選吉宅埋葬，又要花去一筆錢，有的祖先都重葬過十幾次。**

政府的稅捐若是貧窮還可以拖欠，但拜祖先、拜偶像卻是不能賒欠。凡巫師所交代他們的禁忌都要留心去做，否則家族的命運將雪上加霜。

二〇〇五年，廣西某鎮發生地震，一家庭遭遇了一死一重傷的慘況。後來有一基督徒設立的慈善機構捐贈一萬元人民幣來幫助他們醫治重傷的母親，並再三叮囑不要拿錢去搞迷信活動。結果他們仍然把埋葬好的父親挖出來厚葬，花去了一萬多塊錢；無錢醫治母親，任憑她死活。

他們需要的是錢嗎？絕對不是！他們需要的乃是從魔鬼的權勢下得以釋放，需要耶穌來醫治他們被魔鬼弄瞎的心眼。

2. 賭博：

導致他們貧窮的另外一個原因，就是賭博。他們不像城市人有時間打麻將，他們要勞動，於是就玩一種適合他們的賭博方式──六合彩。

這種賭博不需要很多時間，可一邊幹活一邊賭。最近幾年，有很多家庭賭得支離破碎、妻離子散、債台高築。

他們究竟需要什麼？需要耶穌的赦罪之恩！否則他們將會在罪的捆綁下不能自拔，他們極需要真理所帶給他們的自由。

民族呼聲

使徒行傳十七章30節說：「世人蒙昧無知的時候，神並不監察，如今卻吩咐各處的人都要悔改。」只是誰去吩咐各處的人悔改呢？除非他們能聽到福音，生命才可能因此改變。

以賽亞書五十五章2節：「你們為何花錢買那不足為食物的？用勞碌得來的買那不使人飽足的呢？你們要留意聽我的話就能吃那美物，得享肥甘，心中喜樂。」雖然少數民族的經濟狀況不一定會有很大的改變，但至少每年不會花掉那麼多冤枉錢，更不會在毫無指望中辛勤地勞作，也不會在罪惡的轄制中悲悲慘慘地下陰間。

雖然對其他省分的少數民族狀況所知不詳，但有一點是我們知道的：他們都需要聽耶穌基督救恩的故事。即使風俗習慣、語言各方面有所不同，但有一點是相同的：他們都處於「被魔鬼轄制、被罪惡捆綁」的狀態中。

如今，中國的少數民族大都還未聽過福音，有的正預備聆聽第一次福音，有的正發出內心的呼喚：「這樣的故事我們從未聽過」──這是神放在我們心中的「馬其頓的呼聲」。不管他

們對福音的態度如何，結果怎樣，只要還沒有聽到耶穌的故事，我們就有責任。這種責任源於對神的愛、對靈魂的負擔、對使命的熱忱與忠心。

祂的故事

　　講故事傳福音的方式也許在其他地方不大適用，但在少數民族中，講故事是最有果效的方式之一。如今，天上的呼召、地上的呼聲已如雷貫耳，拯救靈魂的使命已迫在眉睫。

　　親愛的弟兄姊妹，當你聽到這些來自少數民族的呼喚時，是否願意為他們禱告？當你看到他們帶著乞憐和渴慕的眼神對你說：「這樣的故事從未聽過」時，你是否願意到他們當中，將「祂的故事」傳講給主所愛的少數民族聽呢？

　　我們在這裡誠懇的呼籲：盼望眾教會與眾聖徒更多來關心少數民族的同胞歸主，也期待有更多的工人能來到這貧瘠而又乾渴的土地上耕耘撒種。

少數民族
宣教備忘錄

揭開面紗

四、宣教現況

急待改進 這幾年，少數民族的事工在內地的教會已漸漸受到重視，雖有一定的成效，但還有很大的空間需要發展與改進。

福音帶來的
祝福與改變

水愛謙

我不以福音爲恥；這福音本是神的大能，
要救一切相信的，先是猶太人，後是希臘人。
因爲神的義正在這福音上顯明出來：
這義是本於信，以至於信。
如經上所記：「義人必因信得生。」
（羅馬書一章16～17節）

我是剛信主的一位弟兄，來自祖國南方一個偏遠貧瘠的山村。這個地方可以說是早已被人遺忘的角落，無人進來，也無人出去，自然也無人過問、無人關心。但我的生命卻經歷了神豐盛的慈愛和恩典，我終於明白，原來在世上還有一種愛，是真正的愛，至高無上的愛，永不改變的愛——這就是神的愛。

「神愛世人，甚至將祂的獨生子賜給他們，叫一切信祂的，不致滅亡，反得永生。」（約翰福音三章16節）我相信這福音會帶來極大的祝福與改變。

福音在我村寨的祝福與改變

一個被遺忘的地方，自然是一個生活貧窮、文化落後的地方；文化落後的地方，當然也是比較野蠻的地方。而這角落，正是生我養我的地方。

感謝神的愛和恩典，即使人或有遺忘，神卻永遠不會忘記。回想四年前，當時我還在求學，聽說家鄉有了扶貧項目，有人投資建校，還親自派送特級教師，進行教育扶貧。那時我真是感激萬分，切盼竣工那日的到來。

在領導和民眾積極響應下，花了半年的時間，一座漂亮的教學樓高高聳立在一座山丘上，新派的老師也到了，而我也剛

畢業並被分配到該校任教。我想，這是神給我特別的安排和旨意。經過一段時間的相處後，才發現原來這些新來的老師都是滿有愛心的基督徒。在一段渴慕與追求後，我便接受了耶穌基督作我的救主，成為神的兒女。

1、福音在我生命中的祝福與改變

沒有文化的地方，必然是被邪靈捆綁、罪惡轄制更厲害的地方，如拜偶像、抽菸、酗酒、賭博、打架、淫亂等。起初我是其中一員，特別是打架、抽菸、酗酒，連賭博也不例外。我還在上小學六年級時就開抽煙喝酒，那時還有了一支槍，是自製的火藥槍。

接著上初中、師範，事態更為嚴重。回想學生時代，可以說天天活在恐懼之中。沒有槍不敢到學校去上學，趕集的時候無槍無刀不敢去。有一次打架，差點把人砍得沒命。感謝主的憐憫，直到今天回想起來，是神重新把我挽回，拯救了我，改變了我的人生。

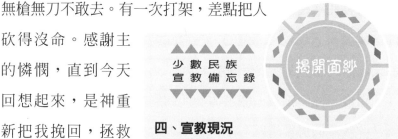

少 數 民 族
宣 教 備 忘 錄

揭開面紗

四、宣教現況

無力生養　據了解，少數民族的基督徒，最多只能夠維持信仰，卻沒有生養的能力，甚至屬靈景況非常貧乏。

　　記得接受福音不久，我很快戒了菸酒和賭博，卻很難從打架中自拔，掙扎了半年，終於靠主得勝。再過了半年，主耶穌在我的生命中不斷更新和改變；我的屬靈生命不斷成長，對主也有了新的認識，算是有了神生命的見證，重生得救，成了新造的人。哥林多後書五章17節：「若有人在基督裡，他就是新造的人，舊事已過，都變成新的了。」但撒但的工作總是與神作對的，當一個人重生得救回到神的面前，撒但總是想盡辦法要破壞拆毀，讓人跌倒，歸服於牠。

　　二〇〇〇年九月，是我人生的轉折點，也是撒但對我展開猛烈攻擊的時候。那時，當地政府得知我信了耶穌，挺熱心，還帶領人信主。有關領導就幾次通知，幾次親自上門查詢具體情況，但一直都沒有碰上我，相信是神保守了我。

　　後來又接連幾次通知家裡讓我上鄉政府一趟。我去了，**面對鄉黨委和鄉長的審問與勸告，說：「你信了耶穌是個笨蛋，你被騙了。」我說：「是的，在神面前，我確實是個笨蛋，但今天在你們面前，我沒有糊塗。」**

　　最後，他們給我一個選擇：「你到底是要工作？還是要耶穌？」我不假思索地回答：「我寧願放棄一切，也要信耶穌，因有了耶穌，相信我的工作會做得更好。」結果，他們就這樣無理地撤了我的工作。當時面臨工作的困難、別人的譏諷、父

母的心酸和淚滴，我徘徊不定，不知如何是好，前方一路迷茫，走投無路。

在我們山村能夠讀到中師，算是鳳毛麟角了。當時我每月的工資是本村那些純粹幹農活收入的十倍以上。我曾經為自己的人生製定了一個美好的計畫，但當時，神有話語對我說：「我的恩典夠你用的，因為我的能力是在人的軟弱上顯得完全。」（參考哥林多後書十二章9節）

神的呼召仍是：「來跟從我吧！」

人的盡頭才是神的起頭。經過了一個多月的掙扎，感謝主，我最終順服了神的帶領。當時主真是給我力量和智慧，走在服事的道路上，雖經歷了很多的難處與挑戰。但我相信這一切會臨到我身上，是神在我身上的恩典記號！

2、福音在我家庭的祝福與改變

家，本該是一個充滿愛和溫暖的所在，但我的家是一個破碎、被撒但捆綁，沒有溫暖的家。回想當初，真是「兩天一小吵，三天一大吵」，主要原因是我父親醉酒鬧事。

父親是一個抽菸、酗酒的人，天天喝得醉醺醺的。他喝醉了酒會失去理智，在家裡見人就打就罵、亂砸東西，最可怕的是連八十歲的奶奶也不能倖免於難。特別是逢年過節的時候，

別人的家充滿了和睦團聚與溫暖，而我的家卻是吵吵鬧鬧。

記憶裡有一年春節，最令我傷心難忘。那天晚上，父親醉得特別厲害，家裡的歡笑聲中突然充滿了謾罵與亂砸東西的響聲。我們母子、弟弟妹妹流著眼淚出了家門口，逃避父親當時的怒氣。三十晚麻雀歸窩，我們卻有家不能歸，站在別人的屋檐下哭泣著，要等父親睡著了才敢回家料理他。

感謝主，我信主了，全家也作了決志。信主後的第一年春節，我是在外面過的，真是「獨在異鄉為異客，每逢佳節倍思親」。想起家人的時候，我哭了……是否父親的歷史又重演了，家裡母親、弟弟妹妹怎麼辦？記得當時，我流著眼淚跪下，迫切地為父親禱告，求神來改變他，讓他能戒煙、戒酒。

神是信實的神，是垂聽禱告的神。二○○一年二月二十四日我返家時，很驚喜地發現父親不喝酒不抽煙了！我問是怎麼回事？**原來就是我為他禱告的那天晚上，父親醉得很厲害，他的胃病復發，喝酒、抽菸都受不了，就這樣戒了。**

感謝主，在一年的時間裡，神給父親一個更健康的身體，家裡充滿了喜樂平安、和睦溫暖和神的同在。最近，我發現父親又開始抽菸、喝酒了，但都很有節制。我相信神一定會再次改變他，對他負責到底。有一件事令我非常感恩，就是現在全家都大力支持我的服事，父親還說：「教會若遭到更大的逼

迫，那就到我家來聚會。」相信這是神給他的力量和信心。

3、福音在我家鄉的祝福與改變

我們家鄉有句俗語說：「十個到洋龍，九個搞不攏。」這是當地民風的寫照。也就是說，我們那裡的人好打架，不講理，誰也沒辦法欺負他們。這是我們家鄉文化素質低下，生活貧困的一個象徵。

說打架嘛，我們家鄉實在有點過分，老是欺負別的寨子的人，只要別人先欺負我們，不論大小，絕對是不打不罷休。當地政府也沒辦法，連派出所的人都不管，也管不了。總而言之，用人的方法是無法改變的。但耶穌說：「在人這是不能的，在神凡事都能。」（馬太福音十九章26節）

的確，神很奇妙地藉福音來改變我們。自福音開始進入至今的兩年裡，我們那裡很少發生打架，即使被別人欺負了，也都極力忍耐，再沒有像以前那樣以刀還拳，

少數民族
宣教備忘錄

揭開面紗

四、宣教現況

孤軍奮鬥 東北苗族的福音較為復興，教會歷史較悠久。但因異端的攪擾和舊觀念的影響，思想較為封閉，很少接待外來的弟兄姊妹，得到的幫助因此受限。

以死還傷的現象，這是有目共睹的事實。這難道不是福音帶來的改變嗎？

　　但撒但是敵對者，喜歡不義，厭惡真理，藉著逼迫來破壞神的計畫，攔阻福音的工作。當地政府寧願花錢請不負責任的代課老師，也不要免費的優秀教師（主內弟兄姊妹）。

　　這事引起群眾的極力反對，最後切盼了半個世紀的家長和求知若渴的孩子也無法挽留他們心目中最親愛的老師們，只好流著淚，無可奈何地望著老師遠去的背影……。福音的使者雖被迫離開，但福音的種子已經撒遍那塊土地，只等秋天到來，求主打發工人去收割祂的莊稼。

二、福音在我民族的祝福與改變

　　由於當地政府這樣無理地趕走外來優秀的教師，引起群眾的極力反對和不滿。這情勢使政府不敢掉以輕心，最後以「政府關心人民不夠」為由，在家鄉大搞建設。

　　現在家鄉已是煥然一新，原來的羊腸小道變成馬路；原來屋裡掛著的煤油燈換成了電燈泡；還給家家戶戶安裝了有線閉路電視；學校又增添了兩棟宿舍，球場、廁所也修好了；一些村民還得到了救濟扶貧。這也許是當地政府在收買民心吧！無論怎麼說，家鄉總是有了改變和好處。

我相信這是從神而來的祝福，要不然，一個被遺忘的角落，解放五十多年來沒有人關心過的地方，如今怎會突然有這麼大的改變呢？

記得一年前，我還在任教時，當時還是學校的出納，學校沒有球場和廁所等設施，老師更沒有宿舍。最後向上級申請兩萬元解決學校的廁所問題，申請來回跑了好幾次，都毫無音訊。結果學校倒虧了幾百元，還怎麼談得上建球場和教師宿舍呢？現在卻完全不同了，上級有什麼扶貧項目，我們那裡是當地第一個考慮的對象；這也是我要向神獻上感恩的事。

還有，在教育事業上也得到大大祝福。以前，我們那裡有「盲寨」之稱，就是沒文化、教育落後的一個象徵。自解放以來，教育事業一直是當地的倒數。記得我在上四年級時，我是全校第一名升到鄉小就讀，卻是排在全班的最後一名。五十多年來，我們那裡一直保留著「盲寨」之稱，無法翻開新的一頁。鄉級幹部沒有，高中生談不上，初中生也是寥寥無幾。

但隨著福音的進來，得到神的祝福，教育事業大受重視，學生的成績大有進步。一年的努力之下，我們全校成績從最後跑到中上等水平，四年級數學還獲全鄉第一名（一九九九至二〇〇〇年度第二學期）。現在高中生也有四名，中專生有六名，初中生有幾十名。這是當地的其他學校意想不到的，令他

們大吃一驚。這次終於洗去了半個世紀以來的「盲寨」之稱，在教育事業翻開了新的一頁。你看！這豈不是福音帶來的祝福與改變嗎？

　　耶和華永遠是言而有信的神，祂的應許一句都不會落空，被人遺忘的，神卻永遠不會忘記。有了福音就有神的祝福，常與神同在的人一定會得到神的祝福！

10

走出去
少數民族正等著你!

水愛謙

耶穌進前來,對他們說:

「天上地下所有的權柄都賜給我了。

所以,你們要去,使萬民作我的門徒,

奉父、子、聖靈的名給他們施洗。

凡我所吩咐你們的,都教訓他們遵守,

我就常與你們同在,直到世界的末了。」

(馬太福音二十八章18~20節)

中國是一個歷史悠久、幅員遼闊的多民族國家。五十六個民族在這塊肥沃豐富的土地上生生不息，用智慧、勤勞的雙手共同創造了輝煌燦爛的華夏文明。不同的民族都有她獨特的歷史、文化、習俗、宗教、生活背景等等。

一、少數民族的概況

進入少數民族宣教之前，先大概了解少數民族的風俗民情是很必要的。所謂少數民族，就是一些住在偏遠地區的群體或部落，具有自己獨特的語言、文字、生活背景和歷史、文化及傳統習俗等。他們一般具有以下基本特徵：

1、人數較少

據官方統計，中國有五十六個已經識別的種族（其實不止，若按語言與族系更詳細地區分，已多過五百個民族），以漢族為最大，約佔總人口的百分之九十一，其餘五十五個民族被稱為少數民族，佔中國總人口的百分之九，約有一億一千五百萬人。

據估計，其中百分之九十以上的人還沒有接受福音，所以少數民族有很多的靈魂正在呼喚、哭泣、流浪，他們需要福音，這無疑是我們的責任了。

2、居住大山

少數民族大部分居住在大山高原裡，據說是被漢族欺負趕進去的，導致現在還有極少數的少數民族，對漢族仍有敵意，不願意與漢人交往。因此，他們生在大山裡，也死在大山裡；沒有人敢進去，也沒有人出來，白白地遭受撒但侵吞而滅亡。

這一道隔閡的牆和漢族祖宗所留下來的債，誰來還清？我想，只有用神的愛和福音才能還得清，我們更有一份責任進入少數民族當中，向他們宣教。

3、教育落後

教育水平直接影響文化的落後與進步。一個偏僻的地方，教育自然比較低落，得不到重視，這也許就是世界對少數民族歧視的原因！但聖經說：「神從不偏待人。」祂的愛是普世的、公平的。這幾年，神感動一些福音使者走進少數民族進行教育扶貧（如水族），同時也將福音傳給他們。

少數民族
宣教備忘錄

揭開面紗

四、宣教現況

資源缺乏 東北滿族和蒙古族接受福音的人數很少，屬靈生命也很幼小，實在需要屬靈資源的幫助，例如提供一些屬靈書籍和培訓等。

　　一個文化落後的地方往往愚昧無知，不知道有一位愛他們的上帝；而一個文化水準較高的地方常常恃才自傲，成了福音的攔阻。現在很多的少數民族還不知道有一位愛他們的上帝，這需要更多的福音使者前去，將福音傳給他們。

4、生活貧窮

　　一個文化落後的地方，通常也是生活貧窮的地方。據了解，少數民族還有百分之六十的人溫飽問題沒有得到解決，他們年收入平均在五百人民幣左右，甚至更低。現在國家提倡人民要過小康生活，就少數民族而言，溫飽都沒得到解決，小康從何談起呢？

　　願神看顧祝福他們。若要得到上帝的祝福，少數民族需要聽到福音，誰來關心他們？有誰願意去呢？

5、交通不便

　　少數民族的交通不便是因深居在大山裡，交通不便往往侷限了當地文化和經濟的發展。現在流行一個口號「要致富，先修路」，國家也不斷在少數民族地區展開交通建設，目的是要打開少數民族與漢族溝通的橋樑，走向致富之路。「耶穌說：『我就是道路、真理、生命；若不藉著我，沒有人能到父那裡

去。』」（約翰福音十四章6節）

　　耶穌在十字架上為人類開啓了一道與神和好的橋樑。今天，我們這蒙神大恩的人，同樣也有一份責任去少數民族當中，打通族人與耶穌和好的道路，使他們藉著耶穌與神和好，得著神愛的救恩。

二、少數民族的福音展望

　　人類在進步，社會在發展。有人說：「二十一世紀是中國人的世紀。」中國無論是在科技、文化與經濟上都會有一個飛躍的突破，同樣，少數民族也在不斷地進步與發展。

　　根據少數民族目前分佈的廣泛性、居住的險要性、生活的獨特性、文化的多樣性以及民族的複雜性，向少數民族宣教同樣也需要一定的策略，與時俱進，展望福音未來。

1、彼此配搭

　　少數民族分佈在中國的東南西北，主要是中西部，人口雖不多，但少數民族的事工是全國性的。要得著少數民族，絕不是個人或一個教會可以完成，而是整個中國教會的責任。所以，需要每一個教會、宣教團隊與個人彼此的配搭和連結，一起來做。但合一中要有秩序，避免混亂。希望少數民族的事工

能找到合一的突破點，且有美好的配搭連結。

2、建立關係網

由於少數民族居住區域的風險性與生活的獨特性，有時候走進他們中間要面臨很多的攔阻，甚至要冒著生命的危險！所以，多多花時間與他們建立美好的關係是必要的，但不要急著求果效。

有幾種途經可以與他們接觸，例如：作生意、教育扶貧（因為少數民族特別尊敬老師），或到一些民族學院與學生建立關係（因為學生容易接觸且有一定的影響力），然後將福音傳給他們。

3、建立現代媒體中心

現在有些少數民族的家庭已經有答錄機、電視、VCD放映機等，可以將一些好的光碟片、磁帶翻譯成少數民族的語言。因為少數民族大部分不懂漢語，善用影音產品可讓他們覺得被尊重、有新鮮感，具有一定的吸引力，藉此間接地將福音傳給他們。

正如傈僳族，因為有人將聖經翻譯成傈僳文，現在傈僳族百分之六十是基督徒，這是很大的祝福。目前「耶穌傳」的水

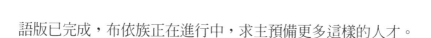

語版已完成，布依族正在進行中，求主預備更多這樣的人才。

4、建立文化研究中心

　　從事少數民族的事工，對當地文化深入了解是很必要的。由於少數民族文化的多樣性與民族的複雜性，關於少數民族文化的一些原始資料與現在實際生活有很大的出入，所以需要對少數民族的現況進行實地考察或專門研究，提供宣教士最新的資料。

5、建立宣教培訓中心

　　在軍中當兵的必須經過嚴格的訓練，今天我們要作基督的精兵，更需要嚴格的訓練、真理的裝備、品格的塑造等。作為一名少數民族宣教的候選人也必須經過訓練（至少四個月，修完《基要真理》、《宣教學》、《護教學》與《少數民族文化》四門課），求神為我們預備所需要的神學老師和教材。

少數民族宣教備忘錄　揭開面紗

四、宣教現況

福音跳板　以教師的身分進入水族宣教，很快可以與學生家長接觸、拉近距離，但缺點是傳福音過於火熱，容易使水族對外來的宗教敏感。

6、規劃屬靈地圖

我們要得著少數民族，就得攻破仇敵的營壘，就如打仗一樣，必須對當地的屬靈情形及堅固營壘有所了解。例如將學校、政府、寺廟、拜偶像的地方作簡要的記錄，規劃出當地的屬靈地圖，看哪裡是攔阻神工作的地方。藉著禱告求神一一拆毀這些營壘，再打發工人去收割莊稼。

二十一世紀若要成為中國人的世紀，中國教會要肩負著面向世界宣教的重任，承接福音的最後一棒，將福音傳遍世界的每一個角落，迎接主耶穌榮耀的再來。**中國要達成向世界宣教的使命，首先要中國福音化；中國要福音化，少數民族是不可忽略的一環，也需要少數民族福音化**，那麼，向少數民族宣教即是眾教會義不容辭的責任了。

我們身為這個時代的基督徒，理當完成主耶穌託付給我們的大使命（參考馬可福音十六章15節）。來吧！少數民族宣教正等著你！

第三部

點燃宣教的火苗

【分區現況報導】

回想這一切的工作，真是主與我們同工，

讓我們和祂同享收穫的喜悅。

在主的命定裡，

這些民族都是祂寶血所買回來的萬族中的一族，

是主所存留的美好果子。

點燃民族宣教之火

東北探訪報告

口

水愛謙

爲此我提醒你，

使你將神藉我按手所給你的恩賜

再如火挑旺起來。

因爲神賜給我們，不是膽怯的心，

乃是剛強、仁愛、謹守的心。

（提摩太後書一章6～7節）

感謝神的恩典和引領，祂奇妙地爲我安排了將近一個月的意外之旅。旅途中探訪了西南地區的水族、苗族、某民族學院和東北的蒙古族、滿族、赫哲族，同時開展了某教會的少數民族宣教差傳工作。

宣教之火正燃燒

當我看到一批批年輕的弟兄姊妹對主的渴慕追求、對宣教的熱誠以及少數民族福音的需要，眞使我受益匪淺，也更加挑旺了我向少數民族宣教火熱的心。相信有一天，因著神的愛和憐憫，少數民族的福音事工會大大興旺，求主預備打發工人去收割少數民族的莊稼。

三年前，宣教士在某族撒下福音的種子，並建立了教會。但哪裡有神的工作，同樣也有撒但的作爲。撒但千方百計攔阻福音的拓展，很多已經信主的弟兄姊妹因顧念眼前的利益而離主而去，還持守信仰的弟兄姊妹，靈命也是停滯不前。現在水族的局勢較爲緊張，特別提防外來人，使生命幼小的水族教會因內憂外患幾乎奄奄一息。求主憐憫，在合適的時間打發祂的工人繼續這個艱難的牧養工作。

苗族的福音較爲復興，教會的歷史較悠久而逐漸成形。由於異端的攪擾和一些舊觀念的影響，他們的思想較爲封閉，一

般很少接待外來的弟兄姊妹。感謝主的恩典，這次的探訪，他們深表歡迎，並希望在某些事工上有所配搭，切盼福音廣傳。當然他們也有很多的需要，希望能得到一些幫助。

走訪了水族和苗族後，探訪路線轉向校園，到某民族學院，感謝主的恩典，大有所獲。同時接觸了苗族、侗族、布依族和水族的學生，跟他們建立了很好的關係，他們也表示歡迎我們能再來。目前已有三位學生歸主，有一苗族姊妹生命較爲成熟，願意接受培訓，爲主所用。

傳遞民族負擔

我們繼續北上到這次探訪的重點——吉林，那裡有一批迫不及待要到少數民族宣教的同工，也是他們教會第一批畢業而接受差派的同工。五天的交談中，我們深深感受到他們對少數民族的負擔和對宣教的熱誠，感謝主的恩典和憐憫，藉著我這卑微而無用的僕人，鼓勵並挑戰他們。

最後講到少數民

少數民族
宣教備忘錄

揭開面紗

四、宣教現況

培訓有限 若沒有花更多的時間在少數民族的門徒訓練上，培養當地的同工來承接福音事工，一旦遭受逼迫時，教會就因此四散，這是很大的虧損。

族宣教的挑戰和呼召時，我正擔心自己講得過於嚴重和真實，萬一把他們嚇跑了怎麼辦？結果出乎所料，他們不但沒有因少數民族宣教所面臨的挑戰和困難而膽怯、退後，反而更加剛強，更清楚地聽到少數民族的呼聲和靈魂的哭泣。

回應呼召時，同工個個立志，甘願作少數民族的一粒麥子，埋在地裡死了，預備結出更多有生命的子粒來。也非常榮幸參加了他們的畢業典禮，一首首感人的詩歌和一幕幕動人的情景，使許多人都感到虧欠主而流淚。

相聲小品是東北人的專長，最後一個節目，弟兄姊妹以幽默和富創意的福音相聲來鼓勵、警惕大家。內容大概是這樣：

有三位宣教士到某少數民族地區去宣教，歷經了種種困難和攔阻、排擠和攻擊，最後決定找個工作來掩護他們的福音事工。不久，他們順利找到一家理髮店工作。

在一次偶然的理髮機會中，他們向一位村長傳了福音，在村長的帶領和影響下，很多村民因此歸主。宣教士高興地對村民說：「你們要在此蓋個教堂，下次我們來帶領聚會。」說完，宣教士又回到理髮店工作。

村民很認真而高興地上山砍樹拔草，很快的，一個帳篷式教堂就蓋好了。但宣教士由於工作繁忙和收入不斷增

加，竟忘了宣教的使命，一去不返。

村民等啊，等啊！切盼宣教士早日回來，一年、五年、十年過去了，仍不見宣教士的身影。最後村長迫不急待，主動回理髮店去找宣教士；三位宣教士滿口答應，卻又把自己的使命忘了。

村長高興地回去，竟又是一段無奈的等待，五年、十年、二十年又過去了，教堂已經倒塌，村長也老態龍鍾。

這時，宣教士才醒悟過來，自己的使命不是為了工作，而是宣教。他們趕緊收拾行裝奔赴少數民族的村莊，但村長在床上已奄奄一息，離世而去。在這幾十年中，不知有多少靈魂因宣教士的耽誤而滅亡。

這個相聲小品提醒我們：有一些弟兄姊妹會因工作而失去起初的愛心，忘了神的呼召，**有時在宣教工場上迫不得已，得用其他工作來作掩護，但千萬不要因為工作而忘記了我們的使命，要抓緊時間搶救靈魂。**

點燃宣教之火

參加他們的畢業差派典禮後，我們又轉向另一個少數民族的地區，在當地同工陪同下，順利走訪了**滿族和蒙古族。這兩**

個民族目前已有福音，但接受福音的人數很少，屬靈生命也很幼小，實在需要屬靈資源的幫助，例如提供一些屬靈書籍和培訓等。

最後一站是黑龍江教會，他們的屬靈景況較豐富，特別是研經方面確實下了很大的工夫。他們目前雖對少數民族宣教還沒有負擔，但至少有了異象，希望下一次的少數民族宣教，他們也能參與。接下來，我們一行三人走到中俄邊界的少數民族──赫哲族，這次的走訪實在是神的恩典和帶領，之前我們沒有任何的聯繫，只是藉著禱告憑信心走出去。

神奇妙地垂聽了我的禱告，我有感動要租一輛出租車上路，一上車，跟司機聊了一會兒，結果他的妻子就是赫哲族，正住在我們要去的地方。感謝主的恩典，在司機的陪同下，到了他岳母家，還交了一個赫哲族的朋友。據了解，這個民族人口很少，只有四千多人，目前已經有了一些福音。

經過這次探訪，收穫良多，真的需要走出去才能真正了解各地教會的實況和需要，同時也給自己帶來很大的鼓勵和幫助。總之，東北教會在禱告上較為復興（凌晨三點就有人到教會禱告），在宣教方面較沒負擔。希望他們的禱告也能點燃宣教之火，以迎接新時代的大復興。

從使徒行傳看福音傳外族外邦

西北宣教展望

徐回宣

但聖靈降臨在你們身上，你們就必得著能力，

並要在耶路撒冷、猶太全地，和撒馬利亞，

直到地極，作我的見證。

（使徒行傳一章8節）

眾所周知，「使徒行傳」又稱「聖靈行傳」，一章8節是使徒行傳的核心經文，也是教會宣教的依據。那麼，聖靈是如何引領教會將福音傳開，使徒行傳又帶來哪些教導？

一、聖靈如何帶領早期的教會

1. 教會建立在耶路撒冷 —— 神將人從各地召來

使徒行傳第二章記載：在五旬節這天，神將散居各地的虔誠猶太人從天下各國各方召來，聚在耶路撒冷。聖靈降臨，使徒說方言，彼得講道，近三千人悔改信主，開始了教會生活。

此後，教會一天天成長壯大，因爲主將得救的人天天加給他們，這是教會建立的歷程。我們從中可以看出，是神在各地預備了這些人，將他們從各地召來，在五旬節這一天受洗歸主，成爲教會的第一批信徒。

神也藉著他們美好的見證，將福音傳遍耶路撒冷。接下來，我們來看聖靈如何引領教會將福音傳向「猶太全地」和「撒馬利亞」。

2. 從耶路撒冷到猶太全地、撒馬利亞 —— 教會全體總動員

使徒行傳三至八章記載：神透過內憂外患磨練教會，使信

徒長大成熟，藉著司提反殉道，教會大遭逼迫，門徒四散，而將福音傳遍猶太全地和撒馬利亞。這期間聖靈引領的方式是全體總動員，除了使徒留在耶路撒冷，門徒全部分散傳道。

同時，神也預備有恩賜的宣教士進行長期的宣教，如腓利。也就是說，這時期的宣教是「以信徒為主體，結合宣教士參與」的宣教策略。基本上來說，耶路撒冷到猶太全地和撒馬利亞屬於同種文化宣教，神採用的是全體信徒直接參與的宣教方式。那麼，將福音傳給外邦，神是如何進行的呢？

3.從撒馬利亞直到地極──教會支持專業宣教士參與宣教

對於從撒馬利亞到地極這種跨地域且跨文化的宣教，使徒行傳記載，神作了四方面的預備，然後才開始正式的宣教。

外邦宣教人才的預
備（使徒行傳九章1
～30節）

使徒行傳九章1至30節記載了保羅的歸主過程。神親自揀選這個兼具羅

少數民族
宣教備忘錄

揭開面紗

四、宣教現況

語言障礙 聖經上的一些用語無法用本地話翻譯。不過有些人還能聽懂一些普通話，因此急需一些傳福音的光碟（包括聖經故事、見證、講道、讚美詩）。

馬國籍和猶太血統，既有希臘文化背景又受嚴謹猶太教訓練的保羅，作爲外邦宣教人才。神帶領保羅悔改歸主後，給他明確的任務，像亞伯拉罕一樣在曠野接受屬靈裝備，並藉著逼迫將他帶到自己家鄉「大數」附近開展工作，同時等候神的時間。**這是外邦宣教的第一步預備。**

外邦宣教異象的預備（使徒行傳九章32節～十一章18節）

有了宣教人才還不夠，教會必須持守向外邦宣教的異象，才能眞正參與外邦宣教的行列。爲了預備外邦宣教異象，打破教會傳統束縛，使徒行傳九章32節至十一章18節中，記載了神如何引領彼得帶領外邦人哥尼流歸主，以及教會對此事的辯論，神如何預備教會接納外邦人，爲教會參與外邦宣教打下突破傳統的思想基礎。

宣教基地的預備（使徒行傳十一章19～30節）

使徒行傳十一章19至30節記載了神如何將安提阿預備爲宣教基地。首先，因司提反事件，神使四散的門徒將福音傳到安提阿，並建立了外邦教會。接下來，耶路撒冷教會派巴拿巴去堅固教會，然後巴拿巴去大數找保羅與他同工，足足一年教導信徒，建立了穩固的安提阿教會。安提阿屬靈景況良好有兩個

指標：一是他們的稱號，門徒被稱為基督徒是從安提阿起首；二是他們的奉獻，以金錢支持猶太地其他弟兄。

　　安提阿教會不僅屬靈狀況好，地點也極適合作外邦宣教。它地處地中海東北角，離地中海僅二十四公里，交通便利，且是羅馬帝國第三大城市（列於羅馬與亞歷山大之後），是非常難得的一處宣教基地。保羅三次宣教都是以安提阿為基地，一圈一圈地將福音傳開。這是神對宣教基地的預備。

教會中心的轉移（使徒行傳十二章1～25 節）

　　在一至十一章，使徒行傳記載的重點是彼得及耶路撒冷的教會，十二章記載當中的一個轉折，從十三章開始，記載重點轉移到保羅和安提阿。那麼神是如何實現教會中心的轉移呢？乃是藉著使徒雅各的殉道和彼得的向外宣教，來完成教會中心的轉移。保羅從耶路撒冷回到安提阿之後，可以說是萬事俱備只欠東風了。

　　使徒行傳十三章以後，記載聖靈引領保羅的外邦宣教旅程，我們就不逐一討論。**重點是我們看到神對跨文化宣教的策略：預備合適的宣教人才→預備合適的宣教基地→預備全教會的支持與參與→要讓宣教基地成為教會之中心。**

　　從以上的分析可以看出，神對教會的宣教事工，針對不同

情況有不同的策略，值得我們作爲借鏡。我們曉得，教會一直在繼續使徒行傳的記載，經過近兩千年的努力，福音已傳到中國。許多教會有識之士也看出，中國教會擔負著福音的最後一棒，要將福音傳回耶路撒冷。

我們知道，在中國與耶路撒冷之間是中東的回教國家，那麼神將如何引領中國教會完成這一任務呢？下面，我們從使徒行傳中，神對外邦宣教工作的預備，來看這個問題。

二、神將如何引領中國教會完成宣教任務

中國東南沿海教會興旺，特別是溫州，有「中國的耶路撒冷」之稱。溫州不僅信徒眾多，屬靈資源豐富，經濟發達，而且溫州信徒習慣外出經商，隨走隨傳，將福音帶到中國許多地方，極似當時神引領耶路撒冷教會的情形，大批信徒在同種的環境中傳揚福音。

然而，將福音傳到中東，乃至耶路撒冷，屬於跨文化、跨地域的宣教，神是否也用使徒行傳外邦宣教的方式來進行？我們分析中國目前狀況認爲：

1.中國的西北部是極好的宣教基地

在西北部的居民中有大批的回民，他們雖生活在漢族環

境，會講漢語，但大多數人還保持民族傳統，在他們中間極易培養跨文化宣教的人才。在地理上，中國西部與中東近鄰，古有絲綢之路相通，今日商業來往不斷。在政治上，中國歷來與中東關係友善，為宣教士的工作開展提供了極有利的條件。

2. 中國西部開發，為西北部成為宣教基地創造了物質條件

中國政府這幾年來投入大量人力、財力與技術開發西部，修建道路，引進企業，無形中也為西北作為宣教基地營造了有利條件。【註】

3. 中國進一步開放，為西部成為宣教基地創造了政治空間

隨著中國申辦二○○八年奧運成功，以及加入世界貿易組織，中國將更加走向開放。政策的開放、經濟的發展，也會使教會的活動空間增加，將來基督教會可望日益被大家所認識，福音的大門也將全面開放。

少數民族宣教備忘錄

揭開面紗

五、絲路宣教優勢

宣教基地 中國西北部有大批回民，他們雖生活在漢族環境，但大多數人還保持民族傳統，極易培養跨文化宣教的人才。

4. 眾多弟兄姊妹的努力，會使西部成為當日的安提阿教會

不少弟兄姊妹都有這樣的負擔，要將福音傳回耶路撒冷，早在二十世紀四〇年代就有弟兄姊妹從河南步行到新疆定居，傳揚福音。他們是福音的先鋒，類似在安提阿建立教會的門徒。近來，也不斷有弟兄姊妹全心全意裝備自己，以備將來蒙神帶領，將福音傳向中東。所以，我們有十足的理由相信，在不久的將來會有一個或多個安提阿教會在西部建立，更多的保羅帶著異象走遍中東，將福音傳回耶路撒冷。

我們也相信，中國對西部開發是神為宣教所作的預備，也盼望弟兄姊妹為中國教會之發展禱告，若蒙神引領，當積極參與西部宣教基地的建設。世人為了錢財，為了商機，為了功名來到西部，願神的兒女為了中國的宣教事工，到西部去貢獻自己的力量。**我們禱告，求主感動海內外的眾教會與眾聖徒同心攜手去西北作屬靈的永恆投資。**

【註】絲路鐵路二〇一〇年連貫歐亞：

　　全長四千公里的絲路鐵路已經開工興建，總工程費五十億美元，連接中國大陸、哈薩克、土庫曼、伊朗、土耳其，通往歐洲，預定二〇一〇年竣工。屆時中國到歐洲單程只需十天，成為亞洲與歐洲最快速便捷的陸上交通路線，將使古絲綢之路再現生機。

　　目前較為人接受的方案是，往南移向土庫曼，穿越伊朗，進入土耳其，連接波斯灣。不過這個方案有賴於伊朗與土庫曼的政治安定。

来自山谷的回音

活水的泉源

西南水族福音之路

水愛謙

節期的末日，就是最大之日，耶穌站著高聲說：

「人若渴了，可以到我這裡來喝。

信我的人就如經上所說：

從他腹中要流出活水的江河來。」

（約翰福音七章37～38節）

水族（水語叫做「雖」），主要分佈在西南地區的貴州、雲南和廣西等地，總人口現約四十多萬。傳說在一千年前，水族的祖先在江西省白米街（原址）被漢族弟兄逐離家園。上路的時候，兄弟（漢人）給他預備乾糧、米飯和魚，因此水族的稱呼多少跟魚有關，因為吃了魚使他們在逃難的時候，性命得以存活。

因此若有人過世，現在的水胞（本家族）都不能吃沾有動物的肉或油之類的食物，惟獨「魚」及蔬菜類能吃，這也許是紀念當時祖先被逐時所吃的食物。還有一種傳說，若是小孩哭著鬧事，老人會說 ga dang（翻譯出來就是「漢人來了」），孩子就因此不敢哭，是因為怕漢人的緣故。所以他們的來歷與漢族有著密切的關連。

水族也有其獨特的生活方式、習俗、節期及宗教信仰。其生活方式主要是「以木房為宿，大米為食」，除了全國的習俗節日外，還有自己民族的節日，如「端節」、「卯節」等較為隆重。

水族有自己的宗教崇拜，如拜菩薩、看巫婆（piho）、過陰、趕鬼（liji），其中以拜祖宗較為普遍。世上任何民族都有崇拜神的意識，由於人的無知和罪孽，受到撒但的捆綁和欺騙，導致貧窮落後，陷入沉淪之中。但神很奇妙地將祂的愛和

福音的種子撒遍那個貧瘠的土地。

　　水族的風俗習慣非常傳統與保守，據同工們的了解，水族的思想觀念對福音工作的進行實在是一大挑戰。現根據當地的實際情況及民眾的思想，對水族福音工作的難易綜合評估出以下幾個要點：

1. 民族自尊心較強

　　面對民族性的問題，我們得小心處理。深入了解水族的民族特性，開導水族百姓的心，多以老師的身分拜訪學生，這樣的接觸方式通常很受歡迎。

　　如果見面時**開門見山地責備他們不良的風俗習慣，會讓他們感到害羞與懼怕；千萬不要傷害了他們民族的自尊心，以致福音工作遭到拒絕。**先經過一段時間的來往，跟群眾談談上帝的恩典，他們比較容易認識耶穌。

2. 民族傳統觀念比較強

　　拜祖宗在水族是很普遍的。事實上很多人對拜祖宗一知半解，並不知道目的何在，只知道這是一個傳統。有些弟兄姊妹就**以見證來開導民眾的思想，讓他們知道拜祖宗常是補償的心理而已。**

婦女拜菩薩、念鬼術、求巫婆的情形也較爲嚴重。面對這樣的家庭，不妨多針對當家的（男人）改變他們的思想，多以老師的身分親自拜訪，與他們保持密切的聯繫，透過有力的見證，揭露這些都是魔鬼欺騙人、轄制人的作爲，使他們慢慢地明白：上帝的愛是不須付代價的，是神無條件白白地將平安、永生賜給世人。

3. 民族思想觀念無定向

魔鬼的作爲在水族很猖獗，長久以來，人們一直在牠的轄制之下，福音使者需要與魔鬼爭戰、搶時間、救靈魂。由於魔鬼的掌權，水族的文化水平較低，生活貧窮落後。同工們的難題是語言不通，工作無法施展，所以必要時還需要翻譯。

由於文化水平的問題，族裡的人見識不廣，所以，以老師的身分出現在他們當中是很受歡迎的，這是對我們工作有利的一面。

一般而言，水族民眾的思想比較單純，若能好好地把握這一點，拿事實的見證給他們看，特別是無法醫治的病人被神醫治的有力見證，這樣，他們的信仰就不會再輕易搖擺。

一九九九年，宣教士藉著「扶貧教育」的方式，將福音帶到水族，一邊教書一邊傳福音。因著神的憐憫和慈愛，聖靈大

大動工，同工們歷經千辛萬苦，靠主戰勝一切攔阻。大約一年的時間，福音傳開了，現在有固定的聚會，接受福音的人數有三百人左右。神很奇妙地藉著福音改變水族，無論是社會治安、經濟生活、教育事業都有很大的轉變。

但哪裡有神的工作，那裡就會有撒但的攪擾；撒但藉著逼迫來破壞神的工作，攔阻福音的廣傳。 去年有一位弟兄為主受害，其他同工們則被迫離開水族，水族的聚會因而停止。很多的弟兄姊妹因此跌倒，離主而去，這真是讓主傷心的事。一個被遺忘的地方自然是生活貧窮、文明落後；文明落後的地方比較封閉且易被遺忘，但神卻永遠不會忘記。

回想這幾年走過的水族福音之路，我發現我們的做法有優缺點。優點是**若以教師的身分進入水族，這是很好的福音跳板，因為教師在當地最受尊重。很快可以與**學生家長接觸、拉近距離，例如：學校開家長座談會、家訪等。缺點是傳福音過於火熱，很容易使水族對外來的宗教敏感。再來是沒有花更

少數民族
宣教備忘錄

揭開面紗

五、絲路宣教優勢

開發建設 中國政府這幾年來投入大量人力、財力與技術開發西部，修建道路，引進企業，無形中也為西北作為宣教基地營造了有利條件。

多的時間訓練門徒，培養當地的同工來承接福音事工，一旦遭受逼迫時，教會就因此四散，這是很大的虧損。在服事的道路上，我們需要更多的弟兄姊妹來為水族禱告。

14

苗族中的宣教之苗

西南苗族福音之路

水愛謙

> 愛弟兄，要彼此親熱；恭敬人，要彼此推讓。
>
> 殷勤，不可懶惰；要心裡火熱，常常服事主。
>
> 在指望中要喜樂；在患難中要忍耐；
>
> 禱告要恆切。
>
> （羅馬書十二章10～12節）

回顧與貴州苗族教會的接觸和關係，眞是神奇妙的帶領。第一次走訪苗族教會是在二〇〇三年四月，在一位弟兄的介紹下，我和他們的兩位同工初次在主裡短暫的交流和認識。直到二〇〇四年二月，團隊打發一位姊妹來到我們這裡，神再一次提醒我貴州教會的需要，最後因著聖靈的帶領和印證，在無人接待的情況下，我和這位姊妹一行三人憑著信心踏上前往貴州的列車。

感謝神，在接下來一年多的時間裡，應他們多次邀請，團隊又差派我們來到苗族。在這次服事中，他們大大經歷了聖靈的同在，開始有強烈的宣教異象。會眾都來到神面前立約，奉獻自己，願爲主所用。

一、苗族福音歷史篇

追溯起苗族的歷史淵源，傳說早在聖經記載的「巴別塔」事件之後，苗族的先民就遷到中國來居住，成爲中國最古老的民族之一。

在蚩尤時代，苗族曾輝煌一時。那時，苗族部落在蚩尤的領導下，敬奉獨一眞神（苗語xawm xub ，音譯「佑梭」），佑梭（神）大大賜福苗族先民，他們先後發明了「五金」（冶鐵等），制定「五刑」（法律），並統一了八十一個散亂的九黎苗

族部落。苗族的先民安居樂業，一時強盛發達，遠勝於周圍的其他民族。

可是好景不長，當西北部（黃河中上游）的遊牧部落——華夏民族逐步向東南遷徙時，與苗族的先祖發生了爭戰。蚩尤帶領苗族的先民與逐鹿中原的華夏民族在桑乾河邊，進行長達三十年的抗爭，華夏民族九戰九敗於苗族的九黎部落，原因就是苗族敬奉的獨一眞神（佑梭）的看顧和保守。

華夏民族以戰敗爲由，假意同蚩尤講和，讓他們的部落同蚩尤領導的苗族部落做朋友。善良的苗族先民輕易地相信了他們的騙局，開始與華夏民族交流學習。另有一說乃因華夏民族的戰爭技術勝於苗族，迫使苗族與華夏民族講和。

在華夏民族風俗民情的影響下，苗族的先民開始遠離真神，敬拜假神，如山神、樹神、財神、門神、灶神等。先民開始學習用糧食釀酒，致使整個苗族整天酗酒、敬拜鬼神、遍行巫術、邪淫，行神所視爲惡的事。

從此，苗族退出

少數民族
宣教備忘錄

揭開面紗

五、絲路宣教優勢

政府開放 隨著二〇〇八年奧運在中國，以及加入世界貿易組織，中國更加走向開放。政策、經濟的發展，將使教會的活動空間增加，福音之門大開。

中原地區，在長江中下游一帶安居樂業。苗民在安逸中又開始麻痺自己，巫風盛行，聽任魔鬼的擺佈，製造蘆笙讚美魔鬼的功德，不斷地把人的靈魂引到地獄去。

神的怒氣不過是轉眼之間，祂的慈愛乃是一生之久。慈愛的父神永不會忘記苗民，祂差派幾個對主至死忠心、深愛苗族靈魂的白人宣教士，於一八八五年進入雲貴高原的苗族地區傳福音，苗族開始走上了新的生命歷程。

到二十世紀初，苗族中開始有人信主，一八九九年第一座苗族教堂在距安順府約二英里遠的一個山寨中建成，同時還有一所招收男生的小學校。自從苗族有人信了耶穌建立教會後，苗族才開始有學習新文化的機會，在主耶穌的恩典和祝福下，苗族的生活漸漸變得文明，各種醜陋習俗也相繼被改變。

比如說：信主後的青年男女不再參加「宿夜室」、「踩月亮」、「耍花山」等；那是當時苗族的傳統習慣，是男女擇友戀愛的一種方式，導致青年人放縱情慾、婚前性行為、陷入淫亂。

信徒不再酗酒、吸菸，不再打老牛祭祖、祭山、祭樹神，春節的祭祀和端午節的耍花山也變成了禮拜日（將時間分別出來敬拜獨一真神）。子女不再早婚，婚後不再離婚。諸如人畜、鬼畜、宴會、牛彩禮、豬彩禮、新郎豬等祭祀之禮也相繼

廢棄。信徒開始喜愛讀書，在神的祝福下生命有了改變，苗族的教會大大復興。

據資料統計，單單小花苗的信徒即多達十萬左右，整個民族也日益昌盛。但近幾年情勢堪憂，苗族教會的屬靈景況又退後低落。民間婚嫁彩禮的習俗年年大幅度上升，許多家庭的子女又去「耍花山」、「踩月亮」、「宿夜室」，早婚更是司空見慣。從兒童到中老年人，甚至教牧人員都染上酗酒、吸菸的惡習。許多人不再喜歡讀書、讀聖經了。凡此種種真是令人悲痛、嘆息！

二、苗族教會展望篇

「沒有異象（或譯：默示），民就放肆；惟遵守律法的，便為有福。」（箴言二十九章18節）一個沒有使命和異象的教會就會癱瘓；一個沒有使命和異象的基督徒就會放肆，最終步入死亡。惟遵守律法的（神的話），便為有福。

感謝神的恩典和帶領，由二○○三年至今，分別幾次探訪苗族教會，看到苗族教會領袖群對教會改革的宣言與決心，在此從個人的感動和領受，對苗族的福音工作提出幾點展望：

1. 傳遞異象，承接使命

異象是需要傳遞的，否則教會無方向和目標，不知不覺失去異象，無法明白神在這世代對我們的旨意，就會放肆。

現在苗族的教會已經有了異象，知道哪些是他們要做的，要看重教會的更新建造、向外宣教等。但目前缺乏真正有國度心胸、肯付代價的領袖們，走出來承接異象，帶領各教會走在神的心意中。

2. 往下扎根，向上結果

苗族的福音歷史算是較為悠久，但在真理的裝備上仍然缺乏。目前苗族教會的種種醜習陋俗，歸因於教會的真理根基不夠扎實，工人不足，牧養跟進不到位，沒有生命見證，以至於不能影響苗族社區，反而受社區的不良風俗所影響。所以，真理教導是當務之急，只有耶穌的生命能叫信徒的生命不斷長大成熟，進而影響和改變當地的文化。

3. 同心協力，合一宣教

教會可以分家，但不可分裂；教會應當合一，但不必統一。合一是神的心意，統一是地上的做法。統一是取得表面上的一致，為達目的不擇手段；合一乃是建立在同一個生命的基

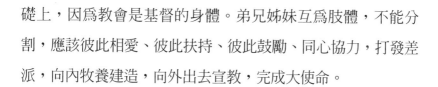

礎上，因爲教會是基督的身體。弟兄姊妹互爲肢體，不能分割，應該彼此相愛、彼此扶持、彼此鼓勵、同心協力，打發差派，向內牧養建造，向外出去宣教，完成大使命。

4. 彼此幫助，成全教會

主耶穌說：「你們若有彼此相愛的心，眾人因此就認出你們是我的門徒了。」（約翰福音十三章35節）雖然苗族的福音歷史悠久，教會相對地也較成型，但很多時候其實心有餘而力不足，仍需要其他成熟教會的幫助，在主耶穌基督裡彼此相愛、彼此成全。

三、苗族福音走訪篇

感謝神的恩典和引領，團隊結束了苗族教會的服事之後，繼續向貴州東南方向，走訪苗族福音最荒涼的地區——東南苗族侗族自治州。

二〇〇〇年曾

少數民族
宣教備忘錄

揭開面紗

五、絲路宣教優勢

永恆投資 不少福音的先鋒早在二十世紀四〇年代，從河南步行到新疆定居，傳揚福音，類似在安提阿建立教會的門徒。近來，也不斷有弟兄姊妹蓄勢待發。

經有一批宣教士在這裡工作過，也撒下一些福音種子，但由於外在環境的影響和壓力，宣教士被迫離開，弟兄姊妹也各奔東西了。然而神沒有忘記這裡，差遣我們重返此地，因爲祂的心意乃是願萬人得救，明白眞道，廣傳福音，對萬民作見證。

感謝主，父神還藉著其他團隊，差派了幾位宣教士前往苗族福音最荒涼的這個地區，去作主的見證，全力以赴地收割苗族成熟的莊稼。

15

梯田中的天梯

西南哈尼族福音之路

哈尼豔

等到聖靈從上澆灌我們，

曠野就變為肥田，肥田看如樹林。

那時，公平要居在曠野；公義要居在肥田。

公義的果效必是平安；

公義的效驗必是平穩，直到永遠。

我的百姓必住在平安的居所，安穩的住處，平靜的安歇所。

（以賽亞書三十二章15～18節）

幾年前，我曾經非常羨慕那些為主作工的弟兄姊妹，如今，我終於有此榮幸獻身，前往哈尼族宣教。那時有一首歌常在我心裡不斷地頌唱：

神啊，有誰能攔阻祢的旨意，祢的旨意通行在全地。

地球的主宰，造物的上帝，祢賜給人類氣息。

從這極到那極，我們快跑傳揚祢。

在這恩惠的禧年裡，報告釋放的好消息。

我們要成為讚美的樂器，鎖鏈脫落，疾病都遠離，

在這恩惠的禧年裡，救主要來釋放你！

群山彎路歡迎頌

我們乘坐汽車繞行了一夜的山路，經過十多個小時，第二天到達山頂一個村落，再轉乘拖拉機。我站在拖拉機上，雙手緊緊抓著上面的鐵欄杆，隨著拖拉機上下顛簸搖晃，好像隨時會被甩下來。

但我被神的創造吸引，一路欣賞山上的風景，那一層層的梯田還未插上秧苗，田裡的水渠閃閃發亮，青山重疊，山頂上、村子邊、山腰、路旁，一叢叢鳳尾竹隨風搖曳，舞姿優雅。我的目光捨不得離開這些竹子，心中驚歎：「主啊，不僅是田野的樹林拍掌，連路邊的竹子也列隊歡迎我們呢！」

哈尼族的百姓熱情好客、善良勤勞，我們相處得很融洽。好心的村民送給我一隻小貓頭鷹，若誰家捉到了老鼠，就讓孩子送來給我，他們說「娘娘醫生」喜歡。

那裡的早晨，大霧常瀰漫在竹林間，宛若仙境，秀山美水也把哈尼族的姑娘孕育得水靈靈的。哈尼族的村民一年有幹不完的活，除插秧收割外，平時上山砍柴，或到山下河裡撈沙，大多是婦女和年輕的姑娘們做的。

村裡的男人則出外打工，工作以修公路居多，「阿巴」的丈夫就是做這樣的工。每天兩餐，早上九點吃過早餐就下地幹活，除了老人孩子外，村子裡難見有閒人。他們幹活得從本村下到山腳下，有時要過河爬到另一座山，下午五點左右回家吃晚飯。哈尼族的男人從來不洗碗，那是女人的活。

我們在那兒也是這樣一天吃兩餐，從城裡買一大袋土豆（馬鈴薯）回來，每天土豆絲、土豆塊、土豆片地吃。偶爾大嫂送來一把青菜或一碗醃的酸菜，讓我們換一換口味。

揭開面紗

▲▲▲▲▲
少 數 民 族
宣 教 備 忘 錄
▼▼▼▼▼

六、教會展望

傳遞異象，承接使命 異象是需要傳遞的，少數民族教會須看重教會的更新建造、向外宣教，並培養真正有國度心胸、肯付代價的領袖們。

耶穌是一種藥嗎？

我和雲姊妹是以「醫生」的身分來到村裡，但我們自己心裡清楚，我倆都只簡單學了三個月的醫療常識，只能在小病上給村民一點及時的幫助。我們只是賣一些常見病的藥品，村民卻把我們當「醫生」看待，婦女孩子喊我們「醫生」或「娘娘」（就是姑姑的意思）。

婦女小孩雖不會講漢語，但「娘娘醫生」是每個人都會叫的。安頓好後，我從城裡買了一些藥回來，向神禱告說：「神啊！求祢幫助我。這可是跟生命打交道，千萬別鬧出差錯來，否則我們擔當不起。」

有些成年男子會講漢語，來買藥時好應付一點。在藥房裡若遇見會講漢語的人，問他知不知道耶穌，他會反問：「耶穌是一種藥嗎？」若是婦女來，就得請村民大哥或一位大嫂來幫忙翻譯。這位大嫂曾在外面打過兩年工，是村裡惟一可以用漢語和我們溝通的婦女；我們稱呼她「阿巴」。

有一天，我在藥舖裡問阿巴知不知道耶穌摩米（哈尼族稱呼神為「摩米」），她說不知道。我就盡量放慢語速，力求簡單，跟她講耶穌的故事。她聽懂了並表示相信，後來我就將《路加福音》的哈尼語錄音送給她聽。有了一個信主的村民，我們都好高興！

　　有幾位大嫂與我們住得近，關係也相當好。一天，一位年輕的媳婦請我到她家坐坐，她會講「來坐」、「去哪裡」幾句簡單的漢語。她的丈夫因打架而坐牢，留下她帶著三歲的孩子和年邁的公婆一起生活。她婆婆身體不好，大熱天也穿得很厚，後來臥病在床瘦得皮包骨。有次發熱很嚴重時，她公公就請我去給她打退燒針。

　　那天，這位媳婦請我去聽答錄機（音樂），我告訴她有「摩米」的錄音帶給妳聽好不好？沒想到她說：「耶穌摩米？大嫂相信，二嫂也相信呢。」我有點驚奇，問她：「妳怎麼知道？」她說：「是阿巴告訴我們的。」

　　這下，我們有工可做了。於是跟幾位弟兄姊妹商量，請那幾位聽過「耶穌摩米」的大嫂晚上到我們住處，教她們唱讚美歌。**奇妙的是她們雖不識字，也不會講漢語（除「阿巴」外），可唱歌都學會了。所以，一個月後，我們的住處就有非正式的聚會，主要是唱歌讚美。**我想，這福音工作並非那麼難。

　　有一天，我正在菜園裡澆水，村落一位大哥七十多歲的父親臥病在床半個月了，不方便送醫院，請我去給他父親輸液（吊點滴）。我推辭不掉，只好硬著頭皮去拿藥。邊拿心裡邊說：「主啊，我怎麼有本事給這種病人治病輸液呢？我給他配什麼藥呢？藥加在一起，起反應怎麼辦？」所以我只把一些營

養藥放進去。心想，既然起不了多少醫治的果效，我少收錢就行了，只要別惹麻煩。

去到他家，滿屋燒柴的煙霧，叫我睜不開眼睛。老人的床是用木板臨時支搭起來的，床頭邊生著火，四壁燻得黑黑的，老人就躺在這樣的環境中。

他很瘦，我小心把針扎進血管，然後按手在他身上，默默禱告：「主啊！求祢醫治！因為我沒有辦法！」在他們看來，我這樣的按手也許是為了查他的病情，他們不問，我也不說。隨後那位大哥給我凳子，讓我坐在院子裡，陪我說話。在這個幹不完活的山裡，能找個人坐下談談，這個機會實在不易。我問他們民俗風情、生活習慣，談著談著，就談到了信仰。

這位大哥叫「山」，會講漢語，所以談什麼都可以理解溝通。再過幾天他又請我去給他父親打針，我問他是否願意請耶穌幫助醫治，他同意了，並且翻譯給他父親聽，他父親也同意了，於是我開口為他父親禱告。主不僅憐憫他、也憐憫我，過一段時間後，老人扛起鋤頭下地幹活！山大哥也成了村落第一個信主的弟兄。

主耶穌就是神！

村落一位朋友託我們看顧他的「阿媽」，因為他要外出一

段時間，家裡只剩他母親一人，因此我們常去探望。那天剛到阿媽家裡，鄰居一位阿媽來找我，說著、比劃著，我猜她需要看病。原來她身上癢，癢得難受時就用玉米芯（玉米棒）在身上磨蹭，並且常做惡夢。

那時我沒有治癢的藥物，作惡夢我更沒辦法，我請李大哥翻譯，對她說：有一位「神」，名字叫耶穌，如果她願意，我請耶穌來醫治她。那位阿媽願意，我就為她禱告。後來阿媽說她不再做惡夢了，我拿哈尼語《路加福音》的錄音帶給她聽，她非常喜歡。

每次去村落，村子裡的孩子常圍著我們，他們就在我們所住的村落上學。村落的學校有一至四年級的學生，四個村的孩子在此上學，五年級時就得去更遠的地方住校上學，因此孩子們與我們相當熟悉，也樂意跟著我們。一天晚上，我們又到阿媽家，還有其他的婦女孩子跟著。

一位阿媽帶著一個婦女來，她身材臃腫，神情憔悴無力，我好奇地走

少 數 民 族
宣 教 備 忘 錄

揭開面紗

六、教會展望

往下扎根，向上結果 少數民族教會種種醜習陋俗尚存，歸因於教會的真理根基不夠扎實，工人不足，反而受社區的不良風俗所影響。

到她身邊，數了數， 她裡裡外外竟穿了八層衣服。鄰居大哥說：這個婦女是阿媽的女兒，嫁出去後因患病一直不好，就離了婚，如今在家已八年，從來沒出過門，也幹不了什麼活兒。

聽了這些情況，我知道非我能力所及。我想耶穌的名字他們可能也聽說了，所以不再繞彎子，直接對他們說：「我沒有辦法醫治，你們若願意，只有請耶穌來醫治。」他們說願意。我說：「若願意信耶穌，就把你們手腕上的黑線剪掉。」

那黑線是代表他們民族的吉祥之物，特別纏在手腕上保平安，於是找來剪刀，一個個剪掉了手腕上的黑線，那天晚上大概有十多個人這樣順從。我們幾位弟兄姊妹為他們禱告，然後囑咐他們每天也要自己跪下向耶穌禱告，他們答應著走了。

千年的民俗枷鎖，使百姓雖然信了耶穌，但短時間還不能完全把他們的民族信仰丟棄。村落的大老頭兒能講簡單的漢語，他對我們也很友好。他曾說：「如果我們村子一半的村民信耶穌，風俗習慣就能改了。」村落有位阿媽，六十多歲，是從縣城嫁過來的，當年是個大家閨秀、讀過書，她丈夫也認得字會講漢語。我們偶然相識，後來常走動，阿媽和大爹都接受了耶穌。

阿媽的兒女已各自成家，有一個女兒嫁在本村（這種情況常有）。哈尼族婚姻是自由戀愛，有一些姑娘十五、六歲就出

嫁了。十五、六歲的姑娘看上去還是沒長大的孩子，但在這裡，這麼小成婚卻不是希奇事，雖然有些習俗叫我們聽來瞠目結舌，但比起摩梭族的婚俗，還算是不錯了。

有一天，阿媽請我去為她大女婿家的房子糾紛禱告。到她家時，她女兒與女婿都在，還有嫁到外村的女兒也在；他們跟我一起低頭閉目禱告，求主耶穌幫助解決這件事。**過幾天，一個下午，阿媽背著竹簍送來一把青菜，她剛從田地裡回來，滿腿的泥。坐定後就說：「這次我不是為房子來，反正房子已跟主禱告過了。阿媽是想請妳給我講聖經。」**說著，就從懷裡把聖經掏了出來，我跟她分享到晚上十點。

那晚她先生來接她，我留他們過夜，大家都和衣躺臥。阿媽穿著帶泥的衣服躺下就睡。雖然他們走後，我的被子上滿是泥土，還找到了七隻跳蚤，可是我好高興，因我們建立了這樣的友情。為了方便他們讀經，我特意找來大的聖經版本，又從城裡買了老花眼鏡給他們，他們滿心歡喜。

福音種子的突破與成長

即使是這樣的好現象，卻在我暫時離開後的一個月就改變了。他們把聖經還給我們，對我們的態度也跟以前不一樣，那位愛聽哈尼語福音錄音帶的阿媽，也把錄音帶還給我。山弟兄

也問我：「你們到底是做什麼的？」

我猜想可能是有人從中作梗，宣傳我們是為傳教來的，也叫他們不要相信我們這些外來人傳的教。當地較有權威的人把我們所撒的種子奪去了，使它難以成長。所以我想村長若能信主，我們就少了一個對手，至少他不會攔阻村民來信。

我認得前任村長，他曾和我們一起跪下禱告，他雖說相信，但總是與我們保持距離；不只是他，就連年輕姑娘們也很少到我們這裡來，那幾位喜歡唱歌的大嫂也不常來了。面對這樣的情況，我還是相信神的應許；以賽亞書五十五章11至12節，神說：「我口所出的話也必如此，絕不徒然返回，卻要成就我所喜悅的，在我發他去成就（發他去成就：或譯所命定）的事上必然亨通。你們必歡歡喜喜而出來，平平安安蒙引導。大山小山必在你們面前發聲歌唱；田野的樹木也都拍掌。」

山裡的百姓信耶穌，是很單純地聽說或知道耶穌是一位能幫助他們的真神就信了。當他們遭到逼迫，也不是心裡不信，乃是不敢求靠神，不敢再接近我們。村子的百姓對我們還是很友好，誰家有請客吃飯的事，常常會請我們去。村裡的「拜馬」（巫師）和我們關係也很好，拜馬的家族要上墳，會提前來請我們。

上墳時每個家庭都要有人參加，背著米、酒、豬肉等吃的

東西，到山上祖墳那裡拜祖宗，然後大會餐。他並非要我們去給他們的祖宗磕頭，也知道我們不吃獻過祭的東西。但他的美意是為了讓我們上山去玩，吃一頓飯。請了幾次，弟兄姊妹誰也不去，拜馬第三次來請，我就跟著去了，想了解一下他們的風俗習慣。

我一邊走還一邊跟他談耶穌，畢竟我們都是有信仰的人（儘管信的不同）。他滿有禮貌地說：「我們需要慢慢才能理解。」吃飯的時候，拜馬從包裡掏出一包牛肉乾，放在碗裡，說：「這是買來的，不是獻過祭的，還有青菜也沒有獻祭，你可以吃。」我聽了怎能不感恩呢？後來我送給一位表示相信耶穌的大姊和拜馬各一本聖經，拜馬雖知與他們的信仰不同，還是表示感謝。

有位大哥叫新生，每天吃過晚飯常來找我，像個孩子似的喊著說：「講聖經故事聽嘛！」我給他一本聖經，讓他自己讀，這時才發現差不多有一半的字他都不認識。

少數民族宣教備忘錄

揭開面紗

六、教會展望

同心協力，合一宣教 教會是基督的身體，弟兄姊妹互為肢體，不能分割。應該彼此相愛扶持，向內牧養建造，向外出去宣教。

他只上過兩年學，平時不看書也不看報。若非我們這些外來人，他們平時也不講漢語。

信主後，他對聖經故事有濃厚的興趣，我就帶他一句一句地讀，一節一節地解釋，他很專心，一邊聽一邊思想。那天讀到「智慧」一詞，他問「智慧」是什麼意思，我講了兩個童話故事向他解釋智慧。雖然進展很慢，但只要能記住聖經上的故事，他將來就能講給別人聽。

雨後的彩虹之約

雨季來了，我們常看到彩虹，有時是兩道彩虹掛在天上，非常美麗。有一次更讓我們歡喜的是，彩虹的這頭就在我們的院子裡，另一頭在那邊的山腳下。

大雨連下好多天，河裡漲滿了大水，外村有一個人在山腳下河裡被沖走了，找也找不到，村民們都在議論這事。第二天下午，新生大哥來找我，帶點兒憂傷地說：「我今天也被大水沖走了。」我大吃一驚，原來他在魚塘邊察看魚塘時（他的魚塘一邊靠山，一邊靠河），不小心給沖走了。

當時水勢洶湧，誰也不敢下水去救，他的妻子在岸邊哭昏了過去。我問：「你怎麼上來的？你有沒有想到耶穌？」他說：「**我想到了！當大水把我沖到下游時，想到頭一天被沖走**

的那人，心裡想，耶穌若不救我，我一樣死定了。後來大水沖著、沖著，把我沖到岸邊，我就爬了出來。」聽完，我心裡說：主啊，謝謝祢存留他的性命。

這事驚動了幾個村，他的親戚都來看他，那天是他惟一沒來讀經的一天。他的親戚們都勸他要獻一獻祭，因為可能魂給嚇丟了。我告訴他既然知道耶穌救你，就不要再向假神獻祭。他最終沒有向民俗妥協，承認是耶穌救了他，並且告訴我，說我們來的第一天，在我們院子的路邊獻祭的就是他。他每年獻各樣的祭，要花好幾百元呢！那時，我才知道他就是村長。我滿心感謝神把我心裡想的事都給成就了。

這件事，我當時還沒想到是屬靈爭戰。一天，我在院中看到幾個人背著一個人從山上下來，我想這是誰呀？怎麼啦？過一會兒，有人告訴我新生大哥在山上摔了。我大吃一驚，才想到剛剛被背下山的人是他，急忙跑去探望。看到他還活著，我才放下心來。大哥從樹上摔下還活著，也是幸運了，因為本地發生過摔死人和牛的事。大哥摔斷了一根肋骨，摔傷了一隻腳，他腳腫得像麵包似的。

我跟他說：「大哥你要禱告。」他說：「你要我怎樣禱告，怎麼會發生這樣的事？」是的，這件事離他被水沖走還不到半個月，也真夠要命的，好在他還活著。我的主啊！若非祢

使他活著，否則我沒有辦法再繼續工作了。這功課對一個剛信主的人來說，的確是太大了。

次年我再去探望他們時，新生弟兄與李弟兄把我帶到河邊魚塘那裡，新生弟兄告訴我耶穌又救了他一次。他說：在去年雨季的一個夜裡，他站在魚塘下邊的圍牆上拉網，誰知大水從上游沖下，沖到他所站的下游圍牆。當圍牆向外倒去，他的身子卻倒在魚塘裡面，因此沒被沖走（那魚塘的圍牆圍起來要花幾千元，他絲毫沒有提到他的損失）。他說這耶穌看來不信是不行了，因祂又救了他一次。這就是神手所作的工，祂必保全祂兒女的性命。

回想這一切的工作，真是主與我們同工，讓我們和祂同享收穫的喜悅。在主的命定裡，這個民族是祂流寶血所買贖回來的萬族中的一族，是主所存留的美好果子。**我相信不久的將來，在哈尼族的每一個村子，都會響起讚美上帝的歌聲，因為這以梯田聞名的哈尼族，已找到了通往天梯之路了！**

軟弱的瑤寨
不再動搖

中南瑤族福音之路

水愛謙

所以我們既得了不能震動的國，

就當感恩，照神所喜悅的，

用虔誠、敬畏的心事奉神。

（希伯來書十二章28節）

神的愛是普世的愛，主耶穌降世的福音是全人類的福音。祂為全人類而來、受死、復活，成為全人類的救贖主。祂在升天之前教導門徒說：「你們往普天下去，傳福音給萬民聽。」神在一年的時間裡差祂的僕人往瑤族去作祂的見證，在那裡做了奇妙的工作。現在讓我們一起來訴說祂的榮耀，將尊榮、全能都歸給祂。

一、瑤族概況

瑤族是一個以遷徙頻繁、分佈廣泛，能歌善舞著稱的民族。 由於遷徙頻繁，經歷重重的挫折、磨練，顯出瑤胞更有幾分的成熟與健壯；由於分佈廣泛，彼此對故土的依戀，顯出他們十分熱情好客；由於能歌善舞，顯出他們具有強烈的民族感情及濃厚的民族色彩，過著自己有趣有味的獨特民族生活。

瑤族主要分佈在中南、西南地區，如雲南的金平，湖南的江華，廣西的金秀、恭城、富川、大化、都安、巴馬，貴州的荔波及廣東的連山、連南、乳源等地，總人口有二百七十多萬。世界上每一個民族都有它的宗教信仰及崇拜方式，這體現出人的心中都有信仰的本能，尋求神的欲望。

瑤族也不例外，他們有自己的宗教信仰及獨特的崇拜方式，是一個多神敬拜的民族，如：山神、土地神、巫婆、巫師

（當地稱為先生公）、偶像以及拜祖宗等。尤其以拜祖宗最為普遍，十分的獨特和嚴重。**瑤胞的家家戶戶都在自己房子的正廳設立祖宗牌位，逢年過節時要獻上禮品食物，平時在吃飯前在地上倒點酒或飯，表示對祖宗的崇拜。**他們有個節日叫「挂紙節」，是一個特別敬拜祖宗的節日，非常隆重。

他們的崇拜方式以家族為單位，敲鑼打鼓，召集全家族男女老少集體上山，到祖宗墳前舉行隆重的筵席，特別的是，每個人都要往墳上倒一碗飯和一杯酒（當地稱為「送飯」）。

有的大家族人數多達三四百人，可想而知，每年每一個墳墓要浪費多少的飯和酒。我曾問過當地的幾個族長此事，他們說這是傳統，無法改變，哪怕砸鍋賣鐵，這節也得過。確實如此，有個家庭自己的孩子沒錢上學，還將家裡僅存的一頭豬獻予祖宗，瑤族很多孩子因此而流淚、失學。

由此看來，撒但捆綁人心是何等的屬害可怕，大大攔阻了福音的拓展。感謝主奇妙的工作，在一年的時間裡已有所改變，有的家庭可以釋放信主的

少數民族宣教備忘錄

揭開面紗

六、教會展望

彼此幫助，成全教會 部分教會雖福音歷史悠久，但很多時候他們心有餘而力不足，仍需要其他成熟教會的幫助。

孩子不去拜祖宗。看來，神要先得著當地年輕的一代去影響上一代，願神的旨意成就，早日使瑤族福音化。阿們！

二、瑤族福音現況

目前，瑤族歸主人數尚待查考，但某些地方的福音工作已有果效。神在那裡做了奇妙的工作，現在已接受福音者爲一百人左右，參加聚會的有二十多人（主要以學生爲主），下面讓我們一起來述說神在瑤族榮耀的作爲。

某年十月，我第一次走進瑤族（跟一個短宣隊同往），經過兩天的接觸與交往，發現**瑤胞靈魂的飢渴和對福音的需要，猶如乾涸已久的土地需要雨水滋潤一樣**。當時我有很大的感動，要留下來爲神作見證，我的瑤族福音之路就這樣開始了。但在一個人生地不熟的異族文化裡服事，畢竟要面臨很大的挑戰。曾經灰心過、軟弱過、流淚過、退後過，但神的愛和聖靈的感動從未減少過，而且聖靈大大作工，超乎我的所求所想。下面略說一二：

1. 學生的生命改變

有幾個學生以前很討厭學習，成績也很差，信主後，以積極的心態去面對學習，成績大爲提高，這是他們生命改變所結

出的果子。

一個十五歲的孩子甚至可以幫助父母來決定一些家事，是什麼原因讓他的父母這樣重視和信賴他呢？正是他有生命的見證和神的聰明智慧，在學校裡也處處以身作則來見證神的道，博得老師的誇獎。有一次，因著信仰的緣故，學校老師喊他們去問話，他們還能夠用神的話去捍衛真理、持守真道（現在其中三個是見習小組長）。

在神的事工上，他們火熱地傳福音，彼此相愛、彼此服事，他們還有自己的同工會和服事的模式計畫，這些是我從來沒有跟他們講過的事情。

是什麼讓他們有這樣的看見和負擔去服事呢？這是神親自做的。每一次到瑤族服事，都是因為他們的火熱和生命的見證挑旺了我心靈的愛火，願將一切的榮耀都歸給我們的父神！

2. 神親自帶領的敬拜

神讓我們活著，是要我們用心靈和誠實來敬拜祂，同樣，也讓我們用詩歌來敬拜祂。但我這個向來沒有音感的人，臨到帶領敬拜、教唱詩歌時，實在是趕鴨子上架——無所適從。

感謝主，讓我謙卑的禱告，尋求聖靈的帶領和幫助，在沒有任何樂器和詩歌從來沒有唱過的情況下，聖靈親自作我們的

老師，在每一次聚會中，我們都有一個蒙神悅納的敬拜。神奇妙的工作實在超乎所求所想，將榮耀歸給祂！

3. 神蹟的發生

有一次，一個學生家裡請來一位高明的巫師（當地稱爲先生公）來做交鬼醫病。幾位小弟兄們看情況不對，就一起禱告求神攔阻魔鬼的工作，醫治那病人，結果巫師怎麼做、怎麼算都不像往常那樣準確。最後，魔鬼的工作中途停止，而神醫治了病人；撒但潰敗，神的名大大得了榮耀！

三、瑤族的福音展望

保羅說：「所以，我奔跑不像無定向的；我鬥拳不像打空氣的。」（哥林多前書九章26節）保羅無論做什麼，都沒有白做白跑，總是有目標、有計畫、有策略地進行，也帶來果效良好的收割。

回顧過去一年的福音工作，雖然有一些果效，但是也有很多的不足；讓我們總結經驗，使下一步的福音工作在瑤族中更有效、更快地得到拓展，藉著你的支持與禱告，我相信靠著主的恩典，軟弱的瑤寨必不再動搖。

17

我在天涯海角
等候你

中南黎族福音之路

董李心

我若展開清晨的翅膀，飛到海極居住；

就是在那裡，祢的手必引導我；

祢的右手也必扶持我。

（詩篇一三九篇9～10節）

黎族是海南主要的少數民族，現今人口約有一百一十萬，主要聚居在海南省中南部的東萬、白沙、陵水、昌江黎族自治縣和樂東、瓊中、保亭黎族苗族自治縣，其餘散居在海南其他縣市與當地民族雜居。他們一般住在海南東線或海南中部深山之中。

黎族簡史

海南西邊的黎族有兩種，一種是屬於純正的黎族，一種是清朝從越南渡過北部灣海或移居海南西邊各縣的黎族。第二種黎族大多居住在平原上，以耕種水稻爲業，他們的語言特別，不同於當地的黎族，也不同於當地的漢族，他們有自己的語言，卻沒有自己的文字。目前有幾位福音使者，正在這個民族當中傳福音。

黎族的宗教信仰種類繁多，已滲透到日常生活各個方面，屬於原始宗教信仰；他們以崇拜祖先爲主，其次是崇拜自然。

在漢族和黎族雜居的地區已傳入道教、佛教。**黎族的宗教信仰仍保留一些禁忌和圖騰崇拜的色彩，凡是能作祟的精靈都稱為鬼，其中「祖先鬼」是最大的鬼，所以人們平日總是禁忌念祖先的名字，惟恐觸怒祖先而招致病魔。與宗教有關的還有崇拜圖騰的遺跡，如以動植物作爲血緣集團的名稱，有水牛、**

芭蕉、木棉、青蛙等。

黎族祖先歌，是黎族崇拜祖先的經典，也是黎族開發海南島的歷史寫照。黎族民間觀念認為，人的凶吉和時運是祖先神祇安排所致，所以要殺牲祭祖求平安。舉行祭祖儀式時，由奧雅（頭人）主持頌念祖先歌，眾人通宵達旦敲鑼打鼓，歡跳平安舞，祈禱祖先神明保佑。

由越南來的這批黎族不信佛教，對佛教裡的鬼神沒有多少了解。但他們也不認識真神，甚至連耶穌基督的名都未曾聽過。他們與本地黎族的信仰有共同點，也有不同點。他們認為鬼有兩種，一種是好鬼，是祖宗先人之靈魂；一種是惡鬼，專門害人。他們信巫婆、行法術的人，對鬼是又怕又恨，怕的是鬼弄得雞犬不寧、家中出事等，恨的是家中一不安寧，就要請巫婆捉鬼，大則殺牛，小則殺豬、殺雞。

福音使者的呼聲

目前有一個基督徒家庭居住在黎族村落，該村落有上百戶黎族村民，四周還有幾個相連

少數民族
宣教備忘錄

揭開面紗

七、積極代禱

求主挪開攔阻 為中國的家庭教會和神學培訓工作代禱，求神賜給中國教會一個沒有柵欄的天空。

的黎族村，其中有兩個是大村。幾個村相互之間都有血緣關係，經常來往走訪，尤其遇到所謂「紅白喜事」（婚喪嫁娶）都相互幫助，往來十分頻繁。

由於歷史的緣故，黎族與漢族之間隔閡較深，互不往來。黎族人愛喝酒鬧事、打架鬥毆、動刀殺人，不足為奇。某地教會曾幾次派同工進黎族村傳福音，都被毆打，至今不敢再派同工進入，原因是：一怕挨打，二怕巫婆下毒藥害人。

幾年前我離開這裡，懷著對黎族憎恨的心返回老家，發誓再也不願見這個民族了。但神的大能叫我又來到海南，住在這曾深深傷害過我的民族之中，向他們傳福音，建立聚會點，這裡正是我兒媳婦的家鄉。

這裡雖然有美好的自然環境和肥沃的田地，但依然很窮，部分原因可能要歸結到最近幾年的經濟改革。前幾年海南以走私汽車聞名全國，一台車一轉手就是十萬、八萬，錢來得太容易。如是房地產也跟著炒上去，一般普通的住房，炒到了每平方米一萬元人民幣。

走私帶來的是泡沫經濟，中央一聲號令打擊走私，全海南的經濟立即陷入蕭條，現在房價掉到只有七、八百元一平方米。**後遺症是年輕人不再甘心種田種地，因為種地掙不了多少錢，於是少數人便淪為靠搶劫、偷竊度日。**

要改變這裡的落後面貌，首先要人心得改變。只有信耶穌、明白自己是罪人，才會有新的生命。因此，搶救失落的靈魂是目前海南關鍵大事，也是緊迫的使命。一個多月以來，在我服事的範圍，已有十多個人聽福音、信了主。他們承認耶穌為救主，而且都有美好的見證，生命繼續在成長。這批初信者已初步形成同工班子，積極投入更深、更廣的傳福音行列。

你願意來幫助我們嗎？

如前所述，這裡各方面條件都較差，初建的教會困難重重。首先是感到靈糧不足，信主的人多，聖經卻只有幾本，尤其是附帶注釋的聖經。其次是沒有讚美詩歌本，我們只能將讚美詩抄寫在黑板上，然後大家用本子記下，因此需要讚美詩歌本的供應。

少數民族在語言上障礙較多，尤其是聖經上的一些用語，他們無法用本地話翻譯。不過有些本地人還能聽懂一些普通話，急需要一些傳福音的光碟（包括聖經故事、見證、講道、讚美詩）。 這裡電視收不到訊號，因此幾乎沒有電視機。有家庭願意將房子奉獻出來作聚會用，但又沒有凳子。

這裡住的茅草屋一般都很矮，光線不足，海南烈日較多，房子低矮造成通風不良。因此需要蓋間高一點的，能容納四十

人以上的二十平方米的房子聚會。另外孩子較多，主日學也是迫在眉梢之事。

總之，百廢待興，我們也不知道要如何做才好。我們的同工，包括我自己，都沒有多少聖經或牧會方面的訓練，我本人只因「山中無老虎，猴子當大王」，所以還做一下帶領的工作。但我知道自己不可能永遠在這裡服事，一定要培養一些當地同工，使他們不僅在靈命上成熟，也能自立自養。

透過禱告，現我們組織兩路同工班子。第一路是前方爭戰、傳福音的班子，由三個弟兄、三個姊妹組成；其中兩個年輕姊妹負責主日學，其他同工以傳福音為主。另有三人在後方做供應工作，教會走一條自養之路。這三個都是年輕弟兄、村里骨幹（信仰很堅定）。關於後方供應工作，已經有幾個方案，我們正在禱告求神引領中。

親愛的弟兄姊妹，你願意來幫助我們嗎？我們在天涯海角等著你。

第四部

山谷之外的回應

【迎向呼召】

當我們走到村邊的山坡時，弟兄姊妹的歌聲已變成哭聲，

當時的場面真是太令人感動了！

一位當地的長老突然跪在神的僕人面前，

抱住他的腿大哭，

泣不成聲地問道：「老師！你什麼時候再來幫助我們？」

老師！
你什麼時候再來？

史壯民

正如經上所寫：

「此後，我要回來，

重新修造大衛倒塌的帳幕，

把那破壞的重新修造建立起來。」

（使徒行傳十五章16節）

在中國眾多的少數民族中，有一個比較特別的民族，她的特別不是因為民俗風情，也不是因為有什麼奇異景觀，而是在上帝面前蒙了大恩，如今基督徒人數已有百分之六十的比例。

永遠不回頭

早在二十世紀初，西方宣教士紛紛來到雲貴的大山深處撒下種子，使當地的同胞有福音可聽，並且結出許多的子粒來。其中有富能仁宣教士，一九三八年九月因瘧疾病發，付上了生命的代價，埋在那深山裡的墳地。在傈僳族宣教十年之久的費教士，一九四〇年二月在一次旅行佈道中，染上了致命的傷寒，被村民抬回家中已奄奄一息，到午夜就去世了。

當時與費師母守候費教士生命最後一程，並將費教士用毛毯裹住，埋入後院土坑裡的弟兄，正是我們今日華人教會所熟知的沈保羅牧師。**沈牧師當時深受激勵，站在他親自撿拾小石頭堆積而成的費牧師墳塚旁舉目望天，再次向主獻身，立定心志：無論何處去，任憑主差遣，一生勤事主，永遠不回頭。**

隨著中國的解放和文化大革命的浩劫，基督教似乎在內地銷聲匿跡；改革開放後，教會的聚會開始恢復，這些少數民族的教會被列入三自教會的範圍。但是神帶領了這些少數民族的

教會，使他們堅守聖經原則，不與政治掛鉤。曾經有一段時間，這些大山深處的教會很少有人去探望他們，他們也很少有人出來。直到九〇年代末期，有一些年輕學生走出來接受聖經培訓和普通話訓練，但仍然很少有人進去探望他們。

在一個寶貴的機會下，我第一次去探訪真正少數民族地區的教會，更寶貴的是，第一次與一位來自遠方且愛主的弟兄一起同工。這次旅行中，我學到很多以前沒有學到的功課，我們去探望的是位在滇（雲南）蜀（四川）邊界的傈僳族山寨。

炎夏的金沙江畔

從某城出發，由兩位傈僳族的小弟兄姊妹帶路。我們踏上了往大山深處的列車，這是非常破舊、最低等次的列車（我想，比起當年宣教士的交通工具還是要好得多），它似乎畏懼長途跋涉的艱辛，極不情願地徐徐前行。

此時夏日炎炎，車廂內乘客擁擠，悶熱無比，汗珠像黃豆一般從臉上滾滾而下，濕透了全身。

▲▲▲▲▲
少 數 民 族
宣 教 備 忘 錄

揭開面紗

七、積極代禱

求主重新差人 請為因中國政府當局干涉而中斷的福音事工代禱，求主預備新的一批福音使者繼續牧養及傳福音的事奉。

儘管如此，大家

都很開心，因為這位來自遠方的老師有很多幽默的故事，再加上有乘客因聽福音而悔改。坐了將近十個小時的火車，我們被眾人推擁下了車，又坐馬車到金沙江畔的一個小鎮。馬車被車夫們裝扮得五顏六色，坐上去別有一番風味。經過半個小時的顛簸，我們抵達一座小鎮，已是黃昏，無法過江，只好在這個陌生之地隨意找了一家可以餐宿的小旅館住下來。

夜晚天氣仍然很悶熱，不但擔心晚上被人打劫，更有蚊子頻繁的「關愛」，一不小心，疲倦的身子就被掛上「珍珠獎狀」以示慰問，終夜只能半睡半醒。終於東方發白，我們簡單用過早餐，就坐船過江，咆哮的江水來勢洶洶，似欲將船吞噬。

過江後轉搭汽車，下了汽車又步行將近六個小時，來到兩位小弟兄姊妹的家鄉。這位老師開始步行還顯得挺有精神的，但炎炎烈日，山路崎嶇不平，時而羊腸小徑，時而田間小路，加上身材比較龐大，最後不得不找一根棍子支撐前行。經過兩天的跋涉，我們終於到達了目的地。

當時正是農忙的時候，一直到天黑，教會的負責人才回家。雖然是第一次見面，卻覺得格外親切，好像認識很久一樣，他們為我們的來到激動不已。從教會恢復聚會到現在，很少有人走到這大山裡面來探望他們，而今來自遠方的同胞跋山涉水來到這裡，與傈僳族的弟兄姊妹生活在一起一個多禮拜。

儘管身體疲乏，仍然彼此分享到深夜。感謝主，不論何種族群，只要是愛主的人聚在一起，都能深入交流、無話不談。

少數民族本來就好客，又遇上遠道而來的主內親人，他們將平時捨不得吃的臘肉，毫不吝惜地擺上，成了每餐的主菜。**每天都有弟兄姊妹爭先恐後地邀請我們去他們家吃飯，從他們每天熱忱的招待，我們看到了上帝那奇妙的愛。雖然素不相識，卻一見如故，皆因主愛而相惜。**

晚上，他們也安排最好的房間給我們休息。儘管如此，老鼠還是不斷光臨，蚊子更是猖獗，成群結隊、敲鑼打鼓地想從我們疲倦的身上得著什麼。耗子的吱吱聲、蚊子的嗡嗡聲和拍打蚊子的巴掌聲交織成一曲交響樂，伴隨我們進入夢鄉。

難忘的離別情

從教會恢復聚會以來，大部分的少數民族教會都被「三自教會」帶領，只注重本教會的建造，對於宣教的事工不太熱衷，但神藉著祂僕人的來訪改變了這種觀念。雖然是農忙時間，弟兄姊妹聚會還是很積極，因為有神的僕人從遠方來，除了聚會時間，他們也整天聚在一起。神的僕人本著聖經、用自己的生命見證與大家分享寶貴的資訊，傳遞宣教的異象。會眾的反應也非常熱烈，因為神的僕人飄洋過海、跋山涉水來到他

們當中，已作了很好的榜樣。

講員的汗水，會眾的淚水，匯集來自天上的生命河流，強而有力地撞擊著每個單純渴慕的心靈。後來這邊教會的領袖積極與其他弟兄的教會聯繫，相互鼓勵、傳遞異象，形成了一個向其他民族宣教的傈僳族團隊。

天下沒有不散的筵席。一個多禮拜的相處，我們之間已建立深厚的友情，但離別總是難受的。當弟兄姊妹知道我們要走時，準備了一大堆土產品。臨行的那天早上，他們自發地從自己家裡出來，排著長長的隊伍唱著送別的詩歌，與來時所唱的歡迎歌（歡迎遠方的親人帶著神的愛來到這裡探望我們，有掌聲、有笑聲）形成了鮮明的對比。

來到村邊的山坡，弟兄姊妹的歌聲已變成哭聲，**當時的場面真是太令人感動了！一位長老忽然跪在神的僕人面前，抱住他的腿大哭，泣不成聲地問道：「老師！你什麼時候再來幫助我們？」**此情此景猶如保羅離開以弗所教會，即將前往耶路撒冷時的悲壯情景（參考使徒行傳二十章36～38節）。

這真是主愛的流露，弟兄和睦同居是何等美善的團契生活。我們在這裡哭泣、禱告、彼此祝福約一小時之久，最後依依不捨地下了山。當我們漸行漸遠，走到另一個山頂時，看見大山裡的親人還在那裡目送。陪同我們的弟兄說，要他們一直

等到看不見我們的時候才會離去。我第一次經歷這樣的場面，也是第一次這樣盡情地哭。雖然離開了他們，我們的心依舊在他們當中，也懇求神預備機會，讓主的僕人能夠再來。

這次的旅行我永不會忘記，從遠方來的同工身上學到謙卑、受苦的功課，他們熱愛同胞和對靈魂的熱忱也深深激勵了我。也是這次的旅行讓我與少數民族結下了不解的情緣，奠定在少數民族服事的基礎，同時也真實地看到少數民族的需要，加深了我們的負擔。回到縣城後，那大山裡的呼聲久久在心中迴盪：「老師！你什麼時候再來？……」

盼望更多弟兄姊妹去探望他們，只要去了，不一定需要講什麼，到他們當中就是榜樣，就能激勵他們。更重要的是，我們飽嘗到上帝透過大山裡的兒女，給予我們那真誠淳樸之愛。

如今的傈僳族教會已經逐漸成熟、健康，但還有很多的少數民族仍處於福音空白的狀態，還有很多的少數民族教會還在軟弱當中，他們需要我們的關心和幫助。

少數民族
宣教備忘錄

揭開面紗

七、積極代禱

求主扶助急難 現在東北水族的局勢較為緊張，使生命幼小的水族教會因內憂外患幾乎奄奄一息。求主憐憫，在合適的時間打發祂的工人去繼續這個艱難的牧養工作。

像天空的鴿子

苗雲光

他又放出一隻鴿子去，要看看水從地上退了沒有。

但遍地上都是水，鴿子找不著落腳之地，

就回到方舟挪亞那裡，

挪亞伸手把鴿子接進方舟來。

他又等了七天，再把鴿子從方舟放出去。

到了晚上，鴿子回到他那裡，

嘴裡叼著一個新擰下來的橄欖葉子，

挪亞就知道地上的水退了。

（創世記八章8～11節）

聽啊！這是大山裡迫切的聲音，他們渴望白鴿帶他們去找那生命的河。看啊！這是大山裡的期待，期待著你我為他們送來主的福音、主的愛火。是啊！聽到這情詞迫切的呼聲，看到這期待的眼神，有誰不焦急？就連天上的主也在呼喊：我可以差遣誰？誰肯為我去呢？

誰肯為我去呢？

朋友！你是否願意受主差遣，是否願意為主而去呢？是否願意前往大山回覆那情詞迫切的呼聲，滿足那無數雙渴望的眼睛？

保羅為著馬其頓人的呼聲而起程，他說：「我故此沒有違背那從天上來的異象。」（參考使徒行傳二十六章19節）所以，他打完了那美好的仗，跑完了當跑的路，守住了所信的道，唱著得勝的凱歌回歸天家。同樣，一百多年前，有一群人聽到了大山裡的呼聲，順服了天上的呼召，踏進那渴望已久的大山裡，去滿足那地人心的渴望，他們就是被我們這些聰明的中國人視為「洋鬼子」的外國宣教士。

他們穿著中國式的傳統服裝，講著中國人似懂非懂的中國話，走遍了大山裡的每一寸土地，拜訪了大山裡每一間黑暗的茅屋，翻過千山萬水，從而點亮了大山裡人們心靈的燈火。他

們進入大山和苗族同胞生活在一起，一起爬山，一起吃飯，一起生活，爲了傳揚主的福音，有時候浪漫無比，有時候卻經歷痛苦的考驗。

《在未知的中國》一書裡寫道：

「我們騎在矮種馬上，行在山谷之間，輕鬆的步調使人感到一種特有的舒適。甚至乘坐小汽車、公共汽車、火車，都趕不上如此奢侈的旅行。你將欣賞到鳥兒鳴唱，百花遍地。如果是春季，你還會看到果樹及人們賴以維生、寄予厚望的莊稼，正茂盛地生長。說不定還會發現一隻離群的狼，竟然撇下綿羊不要而叼走小孩，給山裡的獨戶人家帶來災難。

若是我們在途中遇到湍流，那激起的浪濤多麼令人驚心動魄，時常有人被氾濫的洪水沖走。

有時會遇到一些拿著箭的苗族男子，詢問之下才知道這條路上經常有強盜出入。雖然如此，我們還是完成了這次旅行。」

少數民族
宣教備忘録

揭開面紗

七、積極代禱

求主改變生命 單單小花苗的信徒即多達十萬左右，整個民族也日益昌盛。但近幾年情勢堪憂，苗族教會的屬靈景況又退後低落。求主憐憫！

　　先賢已留下了美好的榜樣，叫我們跟隨他們的腳蹤行。二十一世紀的今天，主依然在找尋那願意獻身的人。主耶穌對門徒說：「你們往普天下去，傳福音給萬民聽。」（參考馬可福音十六章15節）「普天下」是指凡有人居住的地方，「萬民」是指凡被造的人。也就是說，神希望每一個有人居住之地都有人去宣教，每一個種族都能聽到福音。

　　中國有五百多個族群，人數多的上千萬人，少的只有數百人。主的旨意乃是「不願一人沉淪，乃願人人都悔改」，包括小子中最小的一個。少數民族居住在偏遠的深山裡，無人關愛，無人憐惜，被人遺忘。他們如同那迷失的小羊，在深山高崗流離飄盪，他們有著同樣的期待，願那生命的河早日流向他們。主在為他們焦急，到如今仍一直在尋找：我可以差遣誰呢？誰肯為我去呢？

誰來還福音的債呢？

　　保羅說：「無論是希臘人、化外人、聰明人、愚拙人，我都欠他們的債，所以情願盡我的力量，將福音也傳給你們在羅馬的人。」（羅馬書一章14～15節）求主將還債的心、愛主的心賜給我們，叫我們有保羅那樣的心志：無論是哪一個族群的人，我都欠他們的債，盡我們的力量將福音傳給少數民族。

今天的苗族教會狀況怎麼樣呢？他們的生活過得好嗎？是否還能堅持自己的信仰？還有多少個苗族同胞沒有得救？我們又能為他們做點什麼？

感謝主的恩典！在神的帶領下，我們踏上探訪苗族的旅途。我們的行程不算太遠，坐了幾個小時的車後，差不多再走一個小時的水路。當小船行駛在山谷之間，我站在船頭一邊欣賞上帝創造大自然的美麗，一邊讚美祂那偉大又宏偉的設計。主啊！人類太渺小了！我算什麼，祢竟眷顧我！世人算什麼，竟蒙祢如此的厚愛！

轉眼間，我們到達山腳下一個小小的碼頭，下船後又走了一個半小時的山路，晚上六點多總算到了要拜訪的家庭。招待我們的是一個苗族家庭，看上去雖不算太富裕，但卻非常熱情，擺上了自釀的美酒，還有兒子在山上打的野味，晚飯可以說非常豐富。

誰來幫助他們呢？

聚會的時候只有幾個人，他們對我們所講的信息好像一點都不懂，使我們很著急。經過交談才知道，他們雖信主好幾年了，但從來沒有人講神的道給他們聽，自己又不認識字。接待我們的主人高興地對我們說：「我們沒有信主以前不能吃肉，

一吃就想吐；現在好了，不但吃，而且吃起來很香。我們雖什麼都不懂，但主的好處我們是知道的，平時無論有何困難，只要向主禱告，主立刻就給我們。所以，誰也不能改變我們的信仰。」

結束後，我久久不能入睡，心裡很難過，他們太需要幫助了！我們還能在這裡閒站、懶惰、找藉口不去幫助他們嗎？

感謝主，讓我們平安的結束了這次的探訪旅程。透過這次的探訪，使我們更加深對苗族的負擔，因為我們看到苗族的現狀，他們雖堅守信仰，但太缺乏神話語的牧養。

在這動盪不安的社會裡，異端紛紛興起，所以把神的話傳給他們實在是太重要了，我們不能因這僅有的一些苗族基督徒就滿足。在我住的地方有一條街，經常有人抬著死人從那裡經過，當我看到這種情況就很傷心，因地獄裡又多了一個靈魂，而天堂又少了一個。

也許，因我們的懶惰，還會有更多的人因而下地獄。是的，我們要起來走向那需要福音的大山；也許你會說，我沒有太多的時間，但你可以用愛心幫助他們；你可能會說，我沒有錢，那麼兩個小錢你總有吧！總之，你有什麼就拿什麼出來吧。讓我們一起禱告：

求主興起能幫助他們的當代工人。

求主興起本地的宣教士來。

求主在苗族開傳道的門,

使主的福音在苗族暢通無阻。

求主捆綁黑暗的權勢,

使他們從菸酒的捆綁中釋放出來。

求主除去鎖鏈,使我們的同工不再受苦受難。

求主光照他們心裡的眼睛,

不再去尋找假神,拜祖宗。

求主讓他們真正的經歷重生得救,

認識救恩,有渴慕神話語的心。

主啊!我懇切地求告祢,施恩給少數民族的教會。

請聽來自大山的呼喚,給少數民族的教會開一條路。

別讓百姓繞道行走,弟兄披著綿羊的皮到處奔跑。

主啊!我懇切的求告祢,施恩給各民族教會,

坐在自己的葡萄樹下,也喝葡萄汁釀的酒,

像天空一樣沒有柵欄,福音在各民族中傳揚。

奉耶穌基督的名禱告。阿們!

20

我在這裡！
請差遣我

□

哈杜爾

我又聽見主的聲音說：

「我可以差遣誰呢？誰肯爲我們去呢？」

我說：「我在這裡，請差遣我！」

（以賽亞書六章8節）

　　一般人都知道，臺灣之所以聞名國際，是因爲外匯存底曾經是亞洲四小龍之首，但較少的人知道，臺灣其實早在一九六九年世界少棒冠軍賽的時候，就已經聞名世界了。

　　當年的紅葉棒球隊雖然一棒打出天下，卻鮮少有人知道他們真實的背景——原來他們是臺灣的少數民族之一（布農族）。雖然這支棒球隊如今已成爲歷史上被人們遺忘的一頁，但在這裡我要向大家作見證的是，**上帝的愛從來沒有遺忘過臺灣的原住民。**

宣教史上的一大收穫

　　在十九世紀的時候，上帝就感動西方宣教士來到臺灣，將拯救世人的福音傳到臺灣原住民中間。原住民生性樂天、活潑、開朗，再加上好客及單純的心，當福音臨到他們的時候，上帝福音的大能使得原來敬拜精靈、偶像、圖騰、天象等各樣崇拜的原住民，蒙了上帝的恩典，許多人都信了耶穌。**如今約有百分之六十以上的原住民歸入主的名下，這可以說是宣教史上的一大收穫。榮耀歸主！**

未曾有過的喜樂平安

　　雖然我們所住的村莊居民大部分都是基督徒，我們家卻是

供奉漢人的神（偶像），因為聽說拜他們的神（偶像）比較有錢。但事實卻是相反，我們從小就過著很窮苦的生活，再加上四男四女的兄弟姊妹，使得我們從小就必須半工半讀，分擔家計。

禍不單行，父親在一次車禍中險些傷殘，肇事者逃之夭夭，大筆的醫藥費更是毫無著落，這對一個貧窮的家庭來說真是雪上加霜。在我成長的環境就是這樣充滿了無助、失望、傷心、自憐和絕望，靠人人跑，呼天不應，最後差一點得了精神分裂症。天地之大居然沒有我容身之處，當時我曾想，倒不如自殺算了，死了就一了百了。

感謝主，人的盡頭就是上帝的起頭。一個禮拜天的早上，孤寂憂鬱仍然圍繞著我，我隨手打開電視機，節目內容深深地吸引我（是美國在臺灣轉播的福音佈道會）。還記得佈道者在電視上對著觀眾呼召說：「親愛的朋友！耶穌愛你，你願不願意接受耶穌基督作你個人的救主？凡勞苦擔重擔的人，可以到我這裡來，我就使你得安息。」

少數民族
宣教備忘錄

揭開面紗

七、積極代禱

求主堅固工人　過去曾有一些跨文化宣教士在遇到困難和挑戰時打退堂鼓。求主堅固正在禾場上的工人，賜下隨時的幫助。

從來沒有人告訴我這句話。我禱告說：「主啊！祢若是那位真神，求祢拯救我，我願意接受祢作我個人的救主。」當我禱告完之後，心中突然覺得好像有一塊大石頭（重擔）卸了下來，隨之而來的是泉湧般的淚水與未曾有過的喜樂平安。**那年我十八歲，信主之後，在我的心靈深處有過一個禱告：「主啊！感謝祢賜給我新的生命，我願一生事奉祢。」**

領我走過死蔭的幽谷

感謝主的恩典，回首往事，我看見上帝對我的帶領是何等的奇妙，真的是我心裡未曾想過，眼睛未曾見過的。過去在教會的事奉及在社會工作的經歷，如今回頭看來，都有主奇妙的引導。其實我在一九九三年時已經有神的呼召，但因為公司的業務蒸蒸日上，再加上對世俗的眷戀，所以不願意順服。

直到一九九四年的年底，因工作忙碌患了一場重病，發燒四十度不退，再加上醫生打錯針引起的藥物過敏，使得我上氣不接下氣，呼吸困難，幾乎死亡。

還記得當時主內肢體發動為我禱告，**在緊急搶救的過程當中，我只有全心向主禱告：「主啊！假如我還有機會踏出這個醫院的大門，我要好好認真地來事奉主。」**感謝主的憐憫，主垂聽我的禱告，幾天以後我就平安的出院了！

暫時的與永恆的選擇

雖然尋求事奉的過程還是有許多的困難和掙扎，但我和妻子同心合意禱告，經過了半年的尋求和仰望，在親友的諒解下，將辛苦經營的室內設計公司結束，並赴美尋求、仰望神的帶領。直到參加基督使者協會舉辦的「華人差傳九五大會」時，聖靈的感動與呼召，使我在主愛的融化中降服於祂。

為了尋求更清楚的印證，我打電話給一位屬靈的長者，他以希伯來書十一章8至16節亞伯拉罕信心的榜樣勉勵我，並告訴我說：「你也可以繼續做世上的工作，**但是再也沒有一種工作，比傳福音搶救靈魂更有永恆的價值。**」聽到這裡，我再也無法拒絕、逃避主的呼召，便流下感恩的淚水，且憑著信心，存心仰望、順服神的帶領。

民族情福音債的呼召

當我在神學院受裝備的這段期間，主就一直將向少數民族傳福音的負擔、感動放在我心裡。每當我禱告的時候，淚水總是在眼睛裡打轉。根據統計，臺灣共有十二族的原住民，四十幾萬人口，約百分之六十以上是基督徒。但是你知道嗎？大陸一共有五十五個少數民族，超過一億的人口，但他們絕大多數是福音未得之民。

165

　　主耶穌說：「要收的莊稼多，但作工的人少。」（馬太福音九章37節）保羅也說：「無論是什麼人，我都欠他們福音的債。」（羅馬書一章14節）我又聽見主的聲音對我說：「我可以差遣誰呢？」主啊！靠著祢的恩典──我說：「我在這裡！請差遣我。」（以賽亞書六章8節）於是我含著淚水跪在神的面前，寫下委身於少數民族宣教的禱告：

　　主啊！給我一顆民族心，一顆愛少數民族的心。

　　主啊！我若無此心，情願右手忘記技巧；

　　億萬的靈魂，等你我去傳揚。

　　主啊！我若不傳，情願舌頭貼於上膛。

　　奉耶穌督的名禱告。阿們！

如鴿散播好信息

【響應支持宣教】
　我們深信，有您實際的關心與參與，
　各少數民族都有機會聽見耶穌基督的福音。
　因此我們願如鴿子一般，
　將救恩的大好信息散播在大山之中。
　我們期盼有一天，
　神的兒女在群山眾林間歡呼跳躍，
　讚美我們的主耶穌基督。

少数民族宣教大会

附錄

少數民族歸主的
應許與重要性

因爲這是關乎我們 主的榮耀

　　你們要向耶和華唱新歌！全地都要向耶和華歌唱！要向耶和華歌唱，稱頌祂的名！天天傳揚祂的救恩！在列邦中述說祂的榮耀！在萬民中述說祂的奇事！因耶和華爲大，當受極大的讚美；祂在萬神之上，當受敬畏。（詩篇九十六篇1～4節）

因爲這是關乎我們 主的旨意

　　神愛世人，甚至將祂的獨生子賜給他們，叫一切信祂的，不致滅亡，反得永生。（約翰福音三章16節）

因為這是關乎我們 主的應許

因為神差祂的兒子降世，不是要定世人的罪（或譯：審判世人；下同），乃是要叫世人因祂得救。（約翰福音三章17節）

因為這是關乎我們 還福音債

無論是希利尼人、化外人、聰明人、愚拙人，我都欠他們的債，所以情願盡我的力量，將福音也傳給你們在羅馬的人。（羅馬書一章14～15節）

因為這是關乎我們 民族責任

為我弟兄，我骨肉之親，就是自己被咒詛，與基督分離，我也願意。（羅馬書九章3節）

因為這是關乎我們 主的命令

耶穌進前來，對他們說：「天上地下所有的權柄都賜給我了。所以，你們要去，使萬民作我的門徒，奉父、子、聖靈的名給他們施洗（或譯：給他們施洗，歸於父、子、聖靈的名）。凡我所吩咐你們的，都教訓他們遵守，我就常與你們同在，直到世界的末了。」（馬太福音二十八章18～20節）

因為這是關乎我們 主的差遣

我又聽見主的聲音說：「我可以差遣誰呢？誰肯為我們去呢？」我說：「我在這裡，請差遣我！」（以賽亞書六章8節）

　　但聖靈降臨在你們身上，你們就必得著能力，並要在耶路撒冷、猶太全地，和撒馬利亞，直到地極，作我的見證。（使徒行傳一章8節）

因為這是關乎我們 主的再來

　　這天國的福音要傳遍天下，對萬民作見證，然後末期才來到。（馬太福音二十四章14節）

因為這是關乎我們 愛的回應

　　你要盡心、盡性、盡意、盡力愛主 —— 你的神。其次就是說：「要愛人如己。」再沒有比這兩條誡命更大的了。（馬可福音十二章30～31節）

　　有了我的命令又遵守的，這人就是愛我的；愛我的必蒙我父愛他，我也要愛他，並且要向他顯現。（約翰福音十四章21節）

因為這是關乎 宣教策略

　　但聖靈降臨在你們身上，你們就必得著能力，並要在耶路撒冷、猶太全地，和撒馬利亞，直到地極，作我的見證。（使徒行傳一章8節）

附錄

少數民族歸主協會
簡介

「少數民族歸主協會」是由一群關心少數民族的基督徒所成立的宣教福音機構。主要是深入少數民族地區，向這一大群被遺忘的少數民族同胞傳遞基督的愛，也傳遞海內外眾聖徒與眾教會對他們的關懷。

根據一般統計，少數民族共有**五十五大族群**，但根據宣教學專家的研究，國內的少數民族可能**超過五百個族群，超過一億的人口**。他們的語言、服裝及風俗習慣都各具特色。

大部分的少數民族，都是散居在神州大地的各個角落。雖然沿海地區的百姓生活已經很繁榮，但是在少數民族地區，則是完全不同的光景。他們仍聚居在深山野林中，過著原始而艱難的生活。

我們願如鴿子一般，將救恩的大好信息散播在大山之中，使各個民族都有機會聽見救主的福音。我們深信因著你們的關心與實際的參與，有一天我們將會看見神的兒女在群山眾林間歡呼跳躍，讚美我們的主耶穌基督。

我們的異象

為基督贏得各少數民族，帶領他們作主的門徒，並差派少數民族為跨族與跨國的宣教士，將福音傳於萬族萬邦。

我們的使命

委身於世界宣教與萬民歸主的差傳運動，於主後二〇〇五年金秋成立差會，並與西方教會及華人教會成為宣教伙伴，同心合意向福音未得之群體宣教，推動教會積極參與普世萬族歸主的宣教使命。

我們的特色

著重差派宣教士前往少數民族地區開荒佈道、訓練門徒，並建立合神心意的教會。是超宗派的宣教福音機構，同工們都深具宣教負擔，願意委身於少數民族歸主宣教運動，與眾聖徒及眾教會同心合意成為宣教伙伴，一同完成大使命的託付。

我們的財務

於美國政府立案註冊，成為非營利的宣教福音機構，以宣

教福音事工為導向；是信心差會的福音機構，一切需要均信心仰望主的供給，藉著主內教會、機構團體、信徒的參與奉獻。

我們的支出包括宣教士生活費、宣教事工費、辦事室行政費等。一切需要，全仰賴父神透過祂眾兒女與眾教會的奉獻來支持。

我們的策略

一【少數民族文化研究事工】

致力於少數民族的文化研究與宣教策略。

二【少數民族宣教培訓事工】

專為少數民族與跨國宣教建立跨文化培訓中心，使所差派的宣教士能夠獨立自主地在特定族群中展開事奉。

三【少數民族開荒佈道事工】

差派已接受跨文化培訓的宣教士「基甸勇士」，到五十五個族群中的福音未得之地傳福音及建立教會。

四【少數民族教牧培訓事工】

培訓各少數民族的教牧同工，使他們能以自己的母語傳福音、栽培門徒與牧養傳道。

五【少數民族學生福音事工】

建立少數民族大學的學生事工，使少數民族的未來領袖能被主得著，並帶領本族群歸主。

附錄

少數民族人口統計

（按人數多到寡排序）

千萬人口以上的民族：

01. 壯族：

有18,000,000人，主要分佈在廣西省，80%信多神，19%信佛教，只有1%的基督徒。

02. 滿族：

有12,676,070人，以遼寧省人口最多，其次是黑龍江、吉林、河北、內蒙古等省區；信仰薩滿教。

03. 回族：

有10,685,070人，主要分佈在寧夏、新疆和甘肅；宗教信仰：伊斯蘭教，目前只有0.3%的基督徒。

百萬人口以上的民族：

04. 苗族：

有9,543,400人，聚居在貴州、湖南、雲南與廣西；崇拜祖先和鬼神，部分地區有

基督徒和教會。

05. **維吾爾族：**

有9,136,080人，主要聚居在新疆維吾爾自治區；信仰伊斯蘭教。

06. **彝族：**

有8,258,325人，分佈在四川、雲南、貴州和廣西四省區；崇拜鬼神和祖先。

07. **土家族：**

有7,358,340人，分佈在湖南省和湖北省西部、四川省東部及貴州省東北一帶；崇拜祖先和鬼神。

08. **蒙古族：**

有6,299,670人，主要聚居在內蒙古自治區和黑、吉、遼三省；信仰藏傳佛教。

09. **藏族：**

有5,659,520人，聚居在西藏自治區和青海、四川、甘肅及雲南等省；信仰藏傳佛教。

10. **布依族：**

有3,207,340人，主要分佈在貴州省，中國最貧窮的少數民族之一，12%受過中學教育，99%信佛教。

11. **侗族：**

有3,086,030人，半數以上聚居在貴州省，次之爲湖南、廣西等省區；通用漢文，崇拜鬼神。

12. **瑤族：**

有2,763,120人，主要分佈在廣西、湖南和貴州；信仰多神，崇拜祖先。

13. **朝鮮族：**

有2,130,000人，主要分佈在吉林、黑龍江和遼寧，以吉林省沿邊朝鮮族自治州爲主要聚居區；起初雖無固定的宗教，19世紀末福音傳入，現有30%的人信仰基督。

14. **白族：**

有2,067,400人，主要聚居在

雲南省大理白族自治州，貴州省威寧、湖南省桑植亦有分佈；信奉佛教，同時也崇拜本主（灶神）。

15. **哈尼族：**

有1,566,690人，聚居在雲南省紅河哈尼族彝族自治州和思茅；信仰多神，崇拜祖先，少數人信基督。

16. **哈薩克族：**

有1,552,260人，聚居在新疆的伊犁哈薩克自治州和木壘、巴里坤兩個哈薩克自治縣；信仰伊斯蘭教。

17. **黎族：**

有1,433,000人，聚居在海南省；崇拜祖先和鬼神。

18. **傣族：**

有1,422,249人，主要聚居在雲南省西雙版納傣族自治州、德宏傣族景頗族自治州和耿馬、孟連等縣；信仰小乘佛教。

十萬人口以上的民族：

19. **傈僳族：**

有717,240人，聚居在雲南省怒江傈僳族自治州，迪慶、德宏等州亦有分佈；信奉多神，現大多數信仰基督教。

20. **畲族：**

有686,500人，主要分佈在福建、浙江、江西和廣東等省；崇拜祖先和鬼神。

21. **仡佬族：**

有576,080人，分佈在貴州省遵義、安順等20多個縣市；信仰原始宗教。

22. **拉祜族：**

有543,800人，聚居在雲南省瀾滄拉祜族自治縣，臨滄、思茅地區亦有分佈；崇拜多神，少數信仰基督教。

23. **東鄉族：**

有482,300人，聚居在甘肅省東鄉族自治縣，其餘分佈在鄰近各縣；通用漢語，信仰

伊斯蘭教。

24. **水族**：

有439,200人，聚居在貴州省三都水族自治縣；信仰原始宗教，少數信仰基督教。

25. **佤族**：

有429,020人，聚居在雲南省滄源、西盟等縣；崇拜自然，信仰原始宗教。

26. **納西族**：

有323,295人，聚居在雲南省麗江納西族自治縣及鄰近諸縣；信仰東巴教，部分人信仰藏傳佛教。

27. **羌族**：

有266,900人，主要分佈在四川省阿壩藏族羌族自治州及綿陽市北川縣；信仰很多，崇奉白石。

28. **土族**：

人口242,050，主要分佈在青海的東部和甘肅；信仰喇嘛教，極需要福音。

29. **錫伯族**：

有222,900人，半數聚居在新疆察布查爾錫伯族自治縣；錫伯族多信仰薩滿教與藏傳佛教。

30. **仫佬族**：

有205,500人，聚居在廣西羅城仫佬族自治縣；以信奉道教為主，崇拜祖先。

31. **柯爾克孜族**：

有182,800人，聚居在新疆克孜勒蘇柯爾克孜自治州；信仰伊斯蘭教。

32. **達斡爾族**：

有156,310人，主要分佈在內蒙古莫力達瓦達斡爾族自治旗、鄂溫克族自治旗、黑龍江省嫩江兩岸和新疆塔城市。達斡爾族是遼代契丹的後裔，其先民已定居在黑龍江中、上游北岸；信仰薩滿教。

33. **景頗族：**

有145,681人，聚居在雲南省德宏傣族景頗族自治州各縣的山區，先民居住在青藏高原的南部；信仰原始宗教，少數信仰基督教。

34. **撒拉族：**

有113,100人，主要分佈在青海省循化、化隆兩縣及甘肅省積石山等縣；堅持信仰伊斯蘭教，但目前有少數人信主。

35. **布朗族：**

有104,940人，主要聚居在雲南省西雙版納傣族自治州的猛海縣和雙江、瀾滄等縣；信奉小乘佛教，崇拜祖先。

36. **毛難族：**

有100,300人，80%聚居在廣西環江毛難族自治縣，其餘散居在廣西北部；信仰萬物有靈，崇拜祖先。

十萬人口以下的民族：

37. **塔吉克族：**

有43,230人，聚居在新疆塔什庫爾幹塔吉克自治縣以及喀什地區；信仰伊斯蘭教。

38. **門巴族：**

有41,400人，聚居在西藏門隅地區的錯那縣及墨脫、林芝等縣；信奉藏傳佛教和原始宗教。

39. **普米族：**

人口37,900人，主要分佈在中國雲南山區；信仰喇嘛教，福音狀況不詳。

40. **阿昌族：**

有35,898人，聚居在雲南省德宏傣族景頗族自治州的隴川、梁河、潞西等縣；信仰小乘佛教。崇拜祖先。

41. **怒族：**

有33,500人，聚居在雲南省怒江傈僳族自治州的碧江、福貢、貢山三縣；多信仰原

始宗教，亦有人信仰藏傳佛
教的。

42. **鄂溫克族：**

有31,424人，主要分佈在內
蒙古自治區呼倫貝爾草原以
及黑龍江省大興安嶺林區；
大多數信仰薩滿教，牧區信
仰藏傳佛教。

43. **京族：**

有24,400人，聚居在廣西防
城市的澫尾、巫山、山心三
島；信仰佛教、道教。

44. **基諾族：**

有23,210人，聚居在雲南省
西雙版納景洪縣的基諾洛克
山區；崇拜祖先，信仰萬物
有靈。

45. **德昂族：**

有20,410人，聚居在雲南省
潞西縣和鎮康縣，有些散居
在隴川、瑞麗、保山、梁河
等地；信仰小乘佛教。

46. **烏孜別克族：**

有17,470人，聚居在新疆的
伊寧、塔城、喀什及烏魯木
齊等城市；信仰伊斯蘭教。

47. **俄羅斯族：**

有17,400人，分佈在新疆的
伊犁、塔城、阿勒泰及烏魯
木齊等地；信奉東正教。

48. **保安族：**

有16,090人，分佈在甘肅省
積石山保安族東鄉族撒拉族
自治縣；多重信仰：有伊斯
蘭教，同時拜本主（社
神）；信奉佛教，同時崇拜
本主（社神）；少部分人信
基督教。

49. **裕固族：**

有14,680人，宗教信仰：喇
嘛教，主要分佈在甘肅省黃
河西岸，大部分裕固族人講
普通話；福音狀況不詳。

50. **珞巴族：**

有13,422人，主要聚居在西

藏珞渝地區和隆子、米林、墨脫、察隅等縣；信仰原始宗教。

萬人以下的民族：

51. 鄂倫春族：

有8,980人，分佈在內蒙古自治區呼倫貝爾盟和黑龍江省北部的原始森林中；信仰薩滿教。

52. 獨龍族：

有7,390人，聚居在雲南省貢山獨龍族怒族自治縣；信仰萬物有靈，崇拜自然物，有少部分信仰基督教。

53. 塔塔爾族：

有5,790人，聚居在新疆伊犁、塔城、烏魯木齊等地；信仰伊斯蘭教。

54. 赫哲族：

人口5,470，主要居住在黑龍江，信仰薩滿教；基督徒約爲100人。

55. 高山族：

主要分佈在臺灣省，有30多萬人，散佈在祖國大陸的有2,909餘人，主要分佈在福建等地；信仰原始宗教。

（註：原始宗教一般指圖騰崇拜和祖先崇拜。）

少數民族的
區域分佈

東北地區：7個民族

滿族、蒙古族、達斡爾族、鄂溫克族、鄂倫春族、
赫哲族、朝鮮族。

西北地方：14個民族

回族、維吾爾族、哈薩克族、柯爾克孜族、撒拉族、
裕固族、塔吉克族、土族、塔塔爾族、俄羅斯族、
烏孜別克族、東鄉族、保安族、錫伯族。

西南地區：25個民族

藏族、門巴族、珞巴族、彝族、基諾族、傈僳族、

拉祜族、納西族、白族、哈尼族、羌族、水族、布依族、
仡佬族、苗族、侗族、普米族、景頗族、獨龍族、
阿昌族、怒族、傣族、德昂族、布朗族、佤族。

中南地區：9個民族

壯族、毛南族、土家族、仫佬族、瑤族、畬族、黎族、
京族、高山族。

附錄

齊來響應
少數民族宣教

親愛的聖徒們！看完了《來自山谷的回音》，你是否聽到了少數民族的呼聲？是否願意回應神在你身上的恩召？我們誠懇地盼望此書能讓你觸摸到神在少數民族中永遠的旨意，並且為這些默默無名的福音使者禱告。

我們也期待你參與並支持這末世收割的行列，因為「有永遠的福音要傳給住在地上的人，就是各國、各族、各方、各民」（啟示錄十四章6節下）。

我們深信因為有你實際的關心與參與，讓各少數民族都能夠有機會聽見耶穌基督的福音。因此我們願如鴿子一般，將救恩的大好信息散播到群山峻嶺之中。我們期盼有一天，神的兒

女在群山眾林間歡呼跳躍，讚美我們的主耶穌基督。

　　當福音的使者收割莊稼回來，我們明白，這都是來自你的禱告與愛心的奉獻！

　　我們需要你的了解、代禱、關心與參與，
歡迎來函或奉獻支持：

少 數 民 族 歸 主 協 會
Minorities For Christ International

P. O. Box 16205

High Point, NC 27261 U. S. A.

電話：(336) 882-8877

傳眞：(336) 882-8877

電子郵箱：Love@mfci.org

網站：http://www.mfci.org

支票抬頭請寫：MFCI

P O Box 16205 High Point, NC 27261 U. S. A.

宣教系列

來自山谷的回音——少數民族福音使者的佳美腳蹤

編　　　者／	哈杜爾‧達麻畢瑪
審　　　編／	蘇文哲
執 行 編 輯／	翁靜育
美 術 編 輯／	阮炫梅
發　　　行／	基督使者協會

聯 合 出 版／基督使者協會（AFC）　　　　少數民族歸主協會（MFCI）
　　　　　　　21 Ambassador Dr.　　　　　P. O. Box 16205
　　　　　　　Paradise, PA 17562 U. S. A.　High Point, NC 27261 U. S. A.
　　　　　　　電話：（717）687-0537　　　電話：（336）882-8877
　　　　　　　傳眞：（717）687-6178　　　傳眞：（336）882-8877
　　　　　　　電子信箱：book@afcinc.org　電子信箱：Love@mfci.org
　　　　　　　網址：http://www.afcinc.org　網址：http://www.mfci.org
　　　　　　　訂書免費電話：1-800-624-3504

亞洲總經銷／天恩出版社
　　　　　　地址：10455台北市中山區松江路23號10F
　　　　　　電話：（886-2）2515-3551　　傳眞：（886-2）2503-5978
　　　　　　電子信箱：grace@graceph.com
　　　　　　網址：http://www.graceph.com
　　　　　　郵政劃撥：1016237-7天恩出版社

出 版 日 期／二〇〇六年十月初版

The voice of the Minorities

Editor: Hadul Tamabima
Co-publishers

Ambassadors For Christ Inc.
21 Ambassador Dr. Paradise, PA 17562 U. S. A.
Phone: (717) 687-0537
Fax: (717) 687-6178
Email:book@afcinc.org
Website:www.afcinc.org/bookstore
Toll Free: 800-624-3504

Minorities For Christ International
P O Box 16205, High Point, NC 27261 U. S. A.
Phone: (336) 882-8877
Fax: (336) 882-8877
Email: Love@mfci.org
Website: www.mfci.org

© 2006 by Ambassadors For Christ, Inc.
First Edition: October, 2006
Printed in Taiwan.
ISBN: 1-882324-47-1